텍사스로 가자

We Go To TEXAS

텍사스로 가자

발행일	2025년 6월 16일		
지은이	정영호		
펴낸이	손형국		
펴낸곳	(주)북랩		
편집인	선일영	편집	김현아, 배진용, 김다빈, 김부경
디자인	이현수, 김민하, 임진형, 안유경, 신혜림	제작	박기성, 구성우, 이창영, 배상진
마케팅	김회란, 박진관		
출판등록	2004. 12. 1(제2012-000051호)		
주소	서울특별시 금천구 가산디지털 1로 168, 우림라이온스밸리 B동 B111호, B113~115호		
홈페이지	www.book.co.kr		
전화번호	(02)2026-5777	팩스	(02)3159-9637

ISBN	979-11-7224-670-9 03330(종이책)	979-11-7224-671-6 0533 (전자책)

(주)북랩 성공출판의 파트너
북랩 홈페이지와 패밀리 사이트에서 다양한 출판 솔루션을 만나 보세요!
홈페이지 book.co.kr • **블로그** blog.naver.com/essaybook • **출판문의** text@book.co.kr

작가 연락처 문의 ▸ ask.book.co.kr
작가 연락처는 개인정보이므로 북랩에서 알려드릴 수 없습니다.

텍사스로
가자

We Go To TEXAS

정영호 지음

북랩

차례

추천사

—

한국의 7만 7천여 개 무역업체를 대표하는 한국무역협회의 회장으로서 『텍사스로 가자』의 출간을 깊이 축하드립니다. 최근 트럼프 2기 행정부의 관세 강화로 대미 수출의 불확실성이 높아지고 있는 상황에서, 미국 시장 진출의 교두보로 떠오른 텍사스의 전략적 가치는 더욱 중요해지고 있습니다. 텍사스는 대한민국의 7배 면적과 세계 8위 국 수준의 경제력을 보유하고 있으며, 법인세와 개인소득세가 없는 기업 친화적 투자 환경을 갖추고 있습니다. 게다가 상대적으로 낮은 물가와 풍부한 에너지 자원, 완화된 규제 등이 결합되어 텍사스는 기업과 인구가 모여드는 기회의 땅으로 부상하고 있습니다.

저자는 콧대 높기로 유명한 텍사스 사람들의 마음을 녹인 특유의 친화력을 바탕으로 텍사스 1호 영업 사원으로서의 역할을 톡톡히 해왔습니다. 그리고 그 과정에서 미국 정부 및 기업들과 소통하면서 얻은 귀중한 경험과 통찰을 이 책에 오롯이 담았습니다. 법인세 혜택,

인센티브 제도, 인재 확보 전략 등 투자에 필요한 실무적인 정보뿐만 아니라, 반도체·배터리·우주항공·바이오헬스 등 첨단 산업 분야의 협력 사례들을 생생하게 소개하고 있어 미국 투자를 준비하는 기업들은 이 책에서 실천 가능한 로드맵을 발견할 수 있을 것입니다. 또한 최근의 불안정한 관세 환경 속에서 초기 투자 비용과 리스크를 낮출 수 있는 구체적인 방안도 제시하고 있어 미국 시장 진입을 모색하는 우리 중견·중소기업에게 실질적인 길잡이가 될 것으로 생각합니다.

많은 독자 여러분께서 이 책을 통해 미국 시장 개척에 대한 비전과 통찰을 얻어, 급변하는 통상 환경 속에서 성공적인 투자 진출의 기회를 찾게 되길 바랍니다. 저희 협회 또한 미국 투자의 새로운 허브로 떠오르고 있는 텍사스를 전략적 거점으로 삼아 대한민국의 무역·투자 생태계를 전 세계로 확장하는 데 일조하고자 합니다. 아무쪼록 저자의 열정과 헌신이 고스란히 담긴 이 책이 더 많은 한국 기업의 미국 진출과 성공 신화를 이끄는 든든한 초석이 되기를 기대합니다.

2025년 5월
한국무역협회 회장 윤진식

그렉 에봇 텍사스 주지사와 제인 넬슨 국무 장관이 작년에 저자의 『나는 텍사스 1호 영업 사원입니다』 출간을 축하하는 서한을 보내왔다. 나는 한·텍사스 경제 교류와 협력을 위해 두 분과 친밀한 교제를 나누고 있다. 두 분의 관심과 애정에 깊은 감사를 드린다.

서문

—

- 왜 텍사스인가?
- 글로벌 경제 변화 속에서의 텍사스의 역할
- 한국 기업이 주목해야 할 이유

지난 3월 말, 텍사스 주지사 초청으로 관저에서 면담할 기회를 얻었다. 이 자리에서 그렉 에봇 주지사는 "텍사스가 미국의 제조업 르네상스 시대를 이끄는 '리딩 스테이트leading State'"라고 말하면서, "텍사스는 미국 반도체 산업의 넘버 원No.1으로 삼성Samsung이 있다"고 강조했다. 그의 말을 듣는 순간, 나는 현지 공관장이자 한국인으로서 자부심을 느꼈다.

텍사스가 미국 내 제조업의 새로운 중심지로 부상하고 있는 것은 사실이다. 이는 다양한 경제적, 정책적, 인프라적 요인이 결합된 결과이며, 한국 기업이 텍사스에 관심을 가져야 하는 중요한 이유가 된다. 텍사스가 제조업의 중심지로 떠오른 이유는 무엇인가?

첫째, 기업 친화적 정책이다. 텍사스는 법인세가 없다. 규제 완화와 같은 친기업 정책으로 기업 운영 비용을 절감할 수 있는 환경을 제공한다. 노동법과 환경 규제가 다른 주보다 많이 완화되어 기업이 신속하게 사업을 전개할 수 있으며, 주정부의 적극적인 투자 유치 정책과 세금 감면 혜택으로 대규모 제조업체가 몰리고 있다.

둘째, 에너지 비용 절감 효과이다. 텍사스는 풍부한 천연가스와 재생에너지원(태양광, 풍력)을 보유하고 있어 에너지 비용이 낮다. 제조업 공정에서 필수적인 전력 공급이 안정적이고 저렴하여 반도체, 배터리, 전기차(EV) 산업에 매우 유리하다.

셋째, 숙련된 노동력 및 인재 확보이다. 텍사스 내 주요 대학(예: 라이스 대학, UT 오스틴, 텍사스 A&M 대학, 휴스턴 대학, 텍사스 테크 대학 등)과 많은 기술 교육기관이 있어 숙련된 엔지니어 및 생산 인력을 확보하기 쉽다. 이들 대학에는 반도체, 자동차, 로봇 공학 관련 학과 및 연구소가 발전하면서 첨단 제조업 인력 공급이 증가하고 있다.

넷째, 글로벌 공급망 변화에 따른 텍사스의 역할의 중요성이다. 바이든 정부 이후 미·중 갈등과 '리쇼어링Reshoring' 트랜드로 미국은 중국 의존도를 낮추고, 공급망을 자국 또는 우방국 중심으로 재편하고 있다. 이에 따라 한국 기업이 미국 내 제조 및 조립 거점을 마련하면 대미 수출 경쟁력을 확보할 수 있다. 특히 텍사스는 멕시코와의 근접성Nearshoring 기회로 북미와 남미 시장을 공략하는 데 유리하다. USMCA(미국-멕시코-캐나다 협정)에 따라 멕시코에서 저비용 생산 후 텍사스에서 최종 조립 및 유통하는 방식이 증가하고 있는데, 자동차, 전자, 가전제품 기업들이 텍사스를 허브로 활용하면서 글로벌 공급망 최적화가 가능해졌다.

텍사스가 제공하는 환경은 한국 기업에게 새로운 기회가 된다. 한국 기업이 텍사스에 진출해야 하는 이유를 간단하게 정리하면 다음과 같다.

· 미국 내 제조 거점 확보 → 미국 및 북미 시장, 남미 시장 공략 용이

· 세금 감면 및 인센티브 → 초기 투자 비용 절감

· 저렴한 에너지 및 운영비 → 장기적 수익성 확보

· 공급망 최적화 및 리스크 분산 → 중국 의존도 감소

· 핵심 산업과의 시너지 → 반도체, 배터리, EV, 방산, 바이오·헬스, 항
   공우주산업 등

  텍사스는 한국 기업에게 기회의 땅이며, 한국 기업의 글로벌 허
브가 될 수 있다. 현재 텍사스는 제조업 르네상스를 맞이하며 미국
경제의 핵심 주축이 되고 있다. 한국 기업이 텍사스에 진출하면 세
제 혜택, 저렴한 에너지 비용, 글로벌 공급망 최적화, 미 정부 지원
등의 이점을 누릴 수 있다. 특히 반도체, 전기차, 친환경 에너지, 방
산, 항공우주산업 등 미래 산업에서 강력한 시너지를 창출할 수 있
는 환경이 조성되고 있다. 그뿐만 아니라 새롭게 부상하고 있는 세
계 최대 의료단지 TMCTexas Medical Center가 추진하는 바이오 테크 산
업을 비롯해 헬스 케어 및 K-뷰티 산업 등 많은 분야에서 한국 기
업이 글로벌 경쟁력을 유지하려면 텍사스를 놓쳐서는 안 된다.

  이 책은 제조업의 부흥을 주도하는 기회의 땅 텍사스에서 한국
기업의 미래를 열어 가는 데 필요한 정보와 실질적인 도움 자료 등
을 제공하기 위해 쓰였다. 나는 작년 5월에 주휴스턴 총영사 활동
을 소개하면서 한국 기업이 텍사스에 관심을 두도록 유도하기 위해
『나는 텍사스 1호 영업사원입니다』(북랩)를 출간했다. 많은 분으로부

터 좋은 평가를 받았다. 이후 보다 실질적인 도움을 줄 수 있는 책을 출간하는 것이 좋겠다고 생각해 재외공관장으로서 바쁜 일정을 보내는 가운데 틈틈이 시간을 내어 책을 썼다. 나는 이 책이 텍사스 진출에 관심이 있는 많은 기업, 특히 기술력을 자랑하는 중견기업 및 중소기업이 다양한 정보를 접하고, 그들이 텍사스에서 성공할 수 있는 작은 디딤돌이 되길 바란다. 아울러 자료 조사로 도움을 준 휴스턴 총영사관의 성시내 전 상무관에게 고마운 마음을 전한다.

 기업의 미래는 혁신과 도전에 달려 있다. 글로벌 시장이 급변하는 시기에 미국 진출을 계획하거나 기회를 엿보고 있는 기업들, 특히 기업에 친환경적인 텍사스에서 제조업의 부흥을 꿈꾸는 한국 기업들에게 텍사스 진출의 도전을 적극적으로 권한다. 텍사스는 기회의 땅이다. 텍사스는 한국 기업의 글로벌 허브이다.

2025년 5월 휴스턴에서

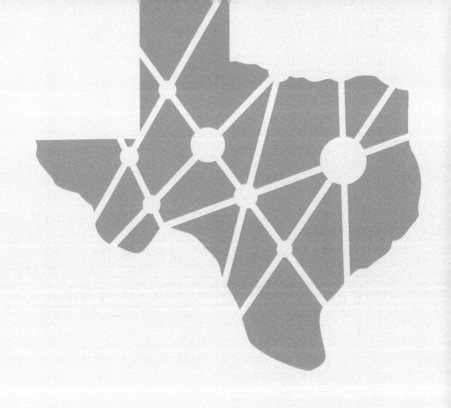

제1부

텍사스 개관

텍사스의 간추린 역사

텍사스 공화국의 태동과 미국 합병

텍사스의 역사는 미국 50개 주 가운데 가장 역동적이며 다채로운 역사를 자랑한다. 멕시코계, 멕시코계 미국인, 아메리카 원주민, 앵글로섹슨계 주민, 그리고 아프리칸 아메리칸 등 다양한 인종이 거주하는 텍사스의 문화는 매우 다채롭다. 텍사스를 처음 본 유럽인은 1520년 자메이카 총독 프란시스코 데 가라이Francisco de Garay를 위해 원정대를 이끈 알바레스 데 피네다Alvares de Pineda였다. 당시 멕시코 만(현재 아메리카 만)과 아시아의 통로를 찾던 중 알바레스 데 피네다는 북부 걸프 해안의 첫 번째 지도를 만들었다. 이 지도는 텍사스 역사에 대한 가장 오래된 기록 문서이다.

텍사스 초기 탐험은 스페인에 의해 시작되었다. 1528년에서 1535년 사이, 알바르 누녜스 카베사 데 바카Alvar Nunez Cabeza de Vaca와 에스

테바니코Estevanico를 포함한 나르바에스 원정대 생존자 네 명은 텍사스에서 6년 반 동안 다양한 원주민 부족들 사이에서 노예와 무역상인으로 살았다. 카베사 데 바카는 텍사스 내륙을 탐험한 최초의 유럽인이었다.

텍사스 공화국의 탄생과 연방 정부 합병

텍사스는 프랑스 식민지화(1684-1689)와 스페인령(1690-1821) 그리고 멕시코 텍사스 시대(1821-1836)를 거쳐 1835년과 1836년 사이에 텍사스 혁명에 성공해, 1836년 3월 2일, 텍사스 주민들이 당시 임시 수도 워싱턴 온 더 브라조스Washington-on-the Brazos에서 텍사스 독립 선언서에 서명하여 사실상 텍사스 공화국을 수립했다. 당시 텍사스 혁명은 멕시코에 대한 텍사스 주민들의 기본권을 보호하기 위한 반란이었지만, 멕시코가 연방 조약을 파기했기 때문에 정당화되었다.

텍사스 공화국의 기간은 1836년에서 1845년으로, 약 9년간에 걸쳐 있었다. 제1차 텍사스 공화국의 의회는 1836년 10월 컬럼비아West Columbia에서 소집되었다. 텍사스 공화국의 초대 대통령은 샘 휴스턴Sam Houston이었으며, '텍사스의 아버지Father of Texas'로 알려진 스티븐 F. 오스틴Steven F. Austin은 신생 공화국의 국무장관으로 두 달간 재

임한 후 1836년 12월 27일에 사망했다. 당시 텍사스 공화국의 수도
는 휴스턴Houston으로 옮기기까지 무려 다섯 곳(워싱턴-온-더-브라조스,
해리스버그, 갤버스턴, 벨라스코, 컬럼비아)이 임시 수도 역할을 했다. 1839
년 차기 대통령 미라보 B. 라마르Mirabeau B. Lamar가 수도를 휴스턴에
서 새로운 도시 오스틴으로 옮겼다.

1845년 2월 28일, 미국 연방 의회는 미국이 투표할 경우 텍사스
공화국을 합병할 수 있도록 허용하는 법안을 근소한 차이로 통과
시켰다. 이 법안은 합병 날짜를 같은 해 12월 29일로 정했다. 같은
해 10월 13일, 텍사스 유권자 과반수가 헌법 초안을 승인했다. 이
헌법은 이후 미국 의회에서 통과되어 합병이 발표된 당일에 텍사스
는 미국의 주가 되었고, 텍사스는 미국의 28번째 주로 합병되었다.

텍사스 공화국의 미국 연방 합병 과정에서 멕시코 정부는 이 일
은 미국과의 전쟁을 의미하는 것이라고 오래전부터 경고했으며, 마
침내 텍사스가 미국에 합병되었을 때 멕시코 정부는 미국과의 모든
외교 관계를 단절했다. 텍사스의 미국 합병으로 1845년과 1846년
사이에 미국은 텍사스를 보호하기 위해 리오그란데강을 중심으로
멕시코와 치열한 전투를 벌이기도 했다. 텍사스 공화국이 미국 연

방에 합병을 원했던 중요한 이유는 텍사스 정부의 막대한 부채 때문이었다. 미국 합병 시 이러한 부채의 상당 부분을 연방 정부가 부담하기로 합의했다. 부채 문제로 미국 연방에 합병을 원했던 텍사스가 오늘날 미국 최대의 부자 주이자 미국 제조업의 르네상스 시대를 선도하고 있다는 것이 역사의 아이러니다.

텍사스의 영웅 스티븐 F. 오스틴과 샘 휴스턴

텍사스 공화국의 탄생에 크게 기여한 두 명의 영웅이 있다. 스티브 F. 오스틴과 샘 휴스턴이다. 두 지도자는 동시대에 텍사스 공화국 탄생 과정에서 탁월한 리더십을 발휘한 사람으로, 그들의 이름을 딴 두 도시(오스틴과 휴스턴)가 그들의 영웅적 삶을 대변한다.

스티븐 F. 오스틴Stephen F. Austin, 1793-1836 은 미국 태생의 기업가이자 '텍사스의 아버지Father of Texas'로, 앵글로 텍사스의 창시자이다. 그는 1825년에 미국에서 300가구와 그들의 노예를 멕시코 테하스 지역으로 데려와 이 지역의 식민지화를 성공적으로 이끌었다. 오스틴은 이 지역에 정착하는 과정에서 멕시코와 우호적인 관계를 유지하려고 많은 노력을 기울였고, 프레도니아 반란 진압에도 크게 기여했다. 그뿐만 아니라 그는 멕시코 정부의 반대에도 불구하고 텍사스에 노예 제도가 도입되도록 노력했다. 물론 정착 과정에서 멕시코 정부와 여러 문제로 불화를 겪었지만, 그때마다 오스틴은 화해를 주장하며 텍사스 정착민들을 달랬다.

그러나 멕시코 정부에 대한 정착민들의 불만은 텍사스 혁명으로 확대되었고, 결국 오스틴은 텍사스 군대를 이끌고 백사르 포위전에서 승리를 거둔 후 미국 연방 위원으로 재임했다. 이후 오스틴은 1836년 텍사스 대선에 후보로 출마했지만, 전쟁 당시 장군으로 복무했고, 선거 2주 전에 출마한 샘 휴스턴에 패배했다. 대선에서 승리한 샘 휴스턴은 오스틴을 국무장관으로 임명했고, 오스틴은 1836년 12월 사망할 때까지 그 직책을 유지했다.

스티븐 F. 오스틴

샘 휴스턴

샘 휴스턴Samuel Houston, 1793-1863은 텍사스 독립 전쟁 후 텍사스 공화국의 초대 대통령과 제3대 대통령을 지냈으며, 미국 상원에서 텍사스를 대표한 최초의 인물이자 미국 테네시주의 주지사와 텍사스 주지사로, 두 개의 다른 주에서 주지사로 선출된 유일한 사람이었다.

휴스턴은 버지니아 출신으로, 1832년 텍사스에 정착했다. 그는 곤잘레스 전투 이후 텍사스 임시 정부를 조직하는 데 큰 도움을 주었고, 텍사스 군대의 최고위 관리로 선출되었다. 그는 멕시코에 대한 텍사스 독립전쟁의 결정적인 전투인 샌하신토 전투에서 텍사스 군대를 승리로 이끌었다. 전쟁 후 휴스턴은 1836년 텍사스 대통령 선거에서 승리했다. 그는 1838년 임기 제한으로 인해 사임했지만 1841년 텍사스 대통령 선거에서 승리해 다시 임기를 시작했다.

휴스턴은 1845년 미국이 텍사스를 합병하는 데 중요한 역할을 했고, 1846년 미국 상원에서 텍사스를 대표하는 의원으로 선출되었다. 그는 당시 민주당에 가입해 제임스 K. 폴크James Knock Polk, 1795-1849 대통령(미국 제11대)의 미국-멕시코 전쟁 수행을 적극적으로 지지했다. 휴스턴은 멕시코-미국 전쟁과 텍사스 합병으로 인해 남은 영토 문제들을 해결하는 데 노력했고, 이 문제 해결을 위해 1850년 타협

안에 찬성표를 던졌다.

한편, 휴스턴은 미국 합병 이후 1856년 미국 대선에서 대통령 후보 지명에 실패했으나, 1859년에 텍사스 주지사로 선출되었다. 휴스턴은 1861년에 주지사 직위에서 물러났고, 2년 후인 1863년에 사망했다. 휴스턴은 여러 면에서 존경받는 지도자였으며, 그의 이름을 따서 명명된 휴스턴시는 미국에서 인구가 네 번째로 많은 대도시가 되었다.

텍사스의 정치·행정

정부와 정치

현행 텍사스 헌법은 1876년에 채택되었다. 많은 주와 마찬가지로 이 헌법은 권력분립을 명시적으로 규정하고 있다. 텍사스주의 권리장전은 연방 헌법보다 훨씬 방대하며, 텍사스만의 고유한 조항들을 포함하고 있다.

텍사스는 주지사의 권한을 제한하는 복수 행정부 제도를 채택하고 있는데, 다른 일부 주와 비교해 행정부가 약하다. 국무장관을 제외하고 유권자들은 행정 책임자를 독립적으로 선출하며, 후보자는 주지사가 아닌 국민에게 직접 책임을 져야 한다. 이러한 선거 제도로 인해 일부 행정부가 정당 간에 분열되었고, 주지사의 프로그램 수행 능력이 저하되곤 한다. 공화당 대통령 조지 W. 부시가 텍사스 주지사로 재임했을 때, 민주당의 밥 불록Bob Bullock 이 부주지사였다. 행정부 직책은 주지사, 부지사, 공공 회계 감사관, 토지 위원, 법무장관, 농업 위원, 3인으로 구성된 텍사스 철도 위원회, 주 교육 위원회, 국무장관으로 구성된다.

오스틴 소재 텍사스주 정부 청사   그렉 에봇 텍사스 주지사

양원제인 텍사스 의회는 150명의 의원으로 구성된 하원과 31명의 의원으로 구성된 상원으로 이뤄져 있다. 하원의장은 하원을 이끌고, 부지사는 상원을 이끈다. 의회는 2년마다 100일 남짓한 기간 동안 정기 회의를 열지만, 주지사는 원하는 만큼 임시 회의를 소집할 수 있다(특히 의회는 스스로 회의를 소집할 수 없다). 주의 회계연도는 9월 1일에 시작된다.

텍사스 사법부는 미국에서 가장 복잡한 사법부 중 하나로, 여러 계층으로 구성되어 있고 관할권이 중복된다. 텍사스에는 민사 소송을 담당하는 텍사스 대법원과 텍사스 형사 항소 법원이라는 두 개의 최후심 법원이 있다. 일부 지방 법원을 제외하고 모든 사법부 판사는 당파 선거를 통해 선출되며, 주지사가 임명을 통해 공석을 채운다. 텍사스는 사형제 사용으로 유명하며, Gregg vs Georgia 사건에서 사형제가 부활한 이후 미국에서 사형 집행 건수가 가장 많았다.

*Gregg vs Georgia(1976)은 미국 대법원의 획기적인 판결. 이 판결은 미국에서 사형제 사용을 수용한 대법원의 입장을 재확인했으며, 특히 Troy Leon Gregg에게 선고된 사형을 지지했다. (https://en.wikipedia.org/wiki/Gregg_v._Georgia 참조)

텍사스 공공안전부 산하 텍사스 레인저 부서는 주 전체에 관할권을 가진 법 집행 기관이다. 텍사스 레인저는 수년간 살인부터 정치적 부패에 이르기까지 다양한 범죄를 수사해 왔다. 그들은 진압 경찰과 형사 역할을 수행했고, 텍사스 주지사를 보호하고, 도망자를 추적했으며, 준군사 조직으로도 활동했다. 텍사스 레인저는 1823년 스티븐 F. 오스틴에 의해 비공식적으로 창설되었고, 1835년에 정식으로 창설되었다. 레인저는 텍사스 역사의 여러 중요한 사건과 서부 개척 시대 역사상 가장 유명한 범죄 사건 중 일부에 중요한 역할을 했다.

텍사스 헌법은 주의 대리인 역할을 하는 카운티 정부의 책임을 정의한다. 위원회, 법원 그리고 법원 판사는 행정부를 구성하기 위해 선출된다. 인구 5,000명 이상의 주 내 대부분의 도시는 자치 정부를 가지고 있다. 이들 중 대다수는 시의회-관리자 정부 형태의 헌장을 가지고 있으며, 이를 통해 유권자들은 시의원을 선출하고, 시의원들은 전문 시 관리자를 운영 책임자로 고용한다.

1980년 이후 텍사스 유권자 대부분은 공화당 대선 후보를 지지해 왔다. 오스틴, 댈러스, 휴스턴, 샌안토니오, 엘파소는 지방 선거와 주 전체 선거에서 꾸준히 민주당에 유리한 경향이 있다. 멕시코-미국 국경에 가까운 리오그란데강변 카운티의 주민들은 라틴계 주민이 많기 때문에 일반적으로 민주당 후보에게 투표하는 반면, 텍사스의 다른 농촌 및 교외 지역 대부분은 공화당 후보에게 투표하는 쪽으로 전환했다.

2022년 중간 선거를 기준으로 텍사스주 하원 의원의 대다수가 공화당원이고, 상원 의원도 두 명이나 된다. 제119대 미국 의회에서 텍사스의 38개 의회 선거구 중 25개는 공화당이, 13개는 민주당이 차지하고 있다. 텍사스 연방 상원 의원은 존 코닌John Cornyn 과 테드 크루즈Ted Cruz 다. 두 사람 모두 공화당 소속이다. 1994년 이후 텍사스 주민들은 주 전체 공직에 민주당을 선출한 적이 없다. 텍사스주 민주당 유권자는 주로 오스틴, 보몬트, 낼러스, 엘파소, 휴스턴, 샌안토니오의 진보 및 소수 민족 집단과 동부 및 남부 텍사스의 소수 민족 유권자로 구성되어 있다.

존 코닌 연방 상원 의원   테드 크루즈 연방 상원 의원

텍사스의 경제

텍사스 경제 무역 동향

1) 경제 동향

❶ GDP

2023년 기준, 텍사스의 GDP는 2조 5635억 달러로, 미국 전체 GDP의 9.4%를 차지하며, 미국 전체 주 중 2위를 차지하고 있다(1위는 캘리포니아). 휴스턴의 GDP(2022년)는 4,028억 달러로 전년 대비 2.2% 증가했으며, 텍사스 GDP의 20.9%를 차지해 텍사스 내 1위이자 미국 내 4위를 기록하고 있다(1위 LA, 2위 뉴욕). 한편, 댈러스의 GDP(2022년)는 2,998억 달러로 전년 대비 5.7% 증가했으며, 텍사스 GDP의 15.6%를 차지해 텍사스 내 2위를, 그리고 미국 내 7위를 기록하고 있다.

❷ 텍사스 주요 산업

텍사스주는 풍부한 재정을 바탕으로 6대 산업을 선정. 통신·IT, 우주·항공, 의료·바이오, 에너지, 석유화학, 첨단 기술의 신성장 산업을 집중 육성하고 있다. 휴스턴은 세계 에너지 수도로 불리며, 글로벌 에너지 기업들이 운집해 있다. 한편, 댈러스와 오스틴을 중심으로 첨단 사업 인프라가 견고하며, 댈러스와 포트워스에는 항공기 및 부품 제조 산업이 발달했다.

❸ 기업 환경

친 비즈니스 환경으로 기업들의 텍사스 이전·확장 투자가 활발하게 진행되고 있다. 주 정부의 낮은 규제 및 세율, 투자 인센티브 제공, 높은 인프라 수준, 고급 인적 자원 확보용이, 높은 경제성장률 등의 장점을 보유하고 있다. 또한 기업들의 텍사스 이전이 활발해 최근 텍사스로 본사를 이전한 기업은 Oracle, HPE, Toyota North America, Mckesson, Jacobs Engineering, Tesla, Charles Schwab 등이 있다. 메이저 석유회사 세브론Chevron도 캘리포니아에서 텍사스로 본사를 이전했다. 삼성전자는 텍사스 22조 원 규모 투자를 발표했으며, 향후 20년간 추가 252조 원 투자 계획을 갖고 있다.

텍사스에는 경제성장의 엔진, 주요 기업들 다수 포진해 있다. 2023년 포춘 500대 기업 중 55개 사가 텍사스에 소재하고 있다(캘리포니아 53개사, 뉴욕 50개사). 주요 업종은 에너지, IT, 석유화학, 항공, 건설, 유통이며, 대표 기업은 Exxon Mobil(3위), Mckesson(9위), Valero Energy(18위), AT&T(30위), Dell(34위) 등이다.

2) 주요 산업

❶ 에너지

텍사스는 북미 최대 오일·가스 에너지 생산지로, 미국 전체 원유의 41.4%, 천연가스의 22.6%가 매장되어 있으며, 신규 유전이 꾸준히 발견되고 있다. 2024년 1월 텍사스의 원유 생산량은 536.1만 b/d로 미국 전체 생산량의 42.8%. 천연가스 생산량은 334.7억 cf/d로 미국 전체 생산량의 26.9% 점유하고 있다. 퍼미안, 이글포드를 중심으로 풍부한 셰일 자원을 바탕으로 에너지 관련 투자가 상당 수준 회복될 전망이며, 자원 채집의 효율성 상승과 관련한 기술의 개발로 셰일 자원의 가격 경쟁력 개선이 기대되고 있다. 한편, 텍사스는 미국 정유시설 용량의 33.1%, 석유화학 생산 매출의 67.1%를 차지하고 있다.

텍사스에는 에너지 관련 기업 다수 소재해 있으며, 매년 관련 행사가 개최되고 있다. 에너지 산업이 발달한 휴스턴에는 E&P 기업 600여 개사, 오일필드 서비스 기업 1,100여 개사, 파이프 수송기업 180여 개사를 비롯하여 에너지 관련 기업 약 4,700개 사가 소재하며, 관련 종사 인원은 약 24만 명이다. 또한 세계 최대 해양플랜트 전시회인 OTCOffshore Technology Conference는 매년 휴스턴에서 개최되고 있다. 2023년 전시회는 ExxonMobil, Valero, Fluor 등 주요 관련 기업 포함 39개국에서 1,346개 사가 참가하였고, 24,000명이 참관했다.

한편, 텍사스는 신재생에너지 요충지로 설비 투자를 확대하고 있다. 2023년 텍사스의 청정에너지 발전 누적 용량은 64,535MW로, 미국 1위를 차지했다(2위 캘리포니아 34,281MW, 3위 아이오와 13,280MW). 2023년 텍사스의 청정에너지 발전 신규 설치 용량은 9,931MW로, 2017년 이후 미국 내 1위 지속 유지 중이며, 2023년 텍사스의 배터리 저장 용량 신규 추가 용량은 2,689MW, 누적 용량은 4,587MW로 캘리포니아에 이어 미국이 2위를 기록하고 있다.

❷ 항공·우주 산업

댈러스·포트워스를 중심으로 항공 제조·정비 산업이 발달해 있다. 텍사스 내 항공 산업 관련 제조, 연구기관, 조종 훈련, 우주·항공 관련 약 2,000개 사가 소재(미국 내 1위)하며, 고용인원은 약 16만 6천만 명 수준이다. 댈러스, 웨이코, 아마릴로는 항공기 제조, 위치타펄스는 항공기 부품 및 엔진 제조 중심지이다. Lockheed Martin, Textron, Boeing, L-3 Technologies, Airbus Helicopters, Safran, Raytheon 등 주요 항공기 제조업체가 댈러스·포트워스에 다수 소재해 있다.

휴스턴에는 NASA-Johnson Space Center(JSC, 우주비행 관제센터)가 있다. 이곳은 우주 임무 컨트롤 및 우주 비행사 훈련의 본거지이다. 미국 항공 방위기업 United Launch Alliance의 생산 시설이 소재하며, 오스틴 인근 지역엔 로켓 개발 전문 기업인 SpaceX 및 UTC Aerospace Systems, Firefly Aerospace, Odyssey Space Research 등 소재하고 있다.

❸ 의료·바이오 산업

텍사스에는 바이오테크 기업 6,104개 사가 소재해 있으며,

105,400명의 종사자들로 미국 내 의약품 수출 규모 1위를 자랑하고 있다. 의료 장비 관련 글로벌 기업인 Abbott Laboratories, G Medical Systems, 'Johnson&Johnson, Medtronic, Kimberly-Clark, Hitachi High Technologies 등과 제약회사인 Alcon, Novartis, Galderma, Allergan, Lonza 등이 소재하고 있다. 미국 125대 연구 전문 의과대학 중 7개 대학이 텍사스에 소재하고 있으며, 11,462건의 임상시험이 진행 중이다. (미국 내 2위)

휴스턴·댈러스를 중심으로 대규모 의료복합단지가 소재하고 있다. 휴스턴에는 세계 최대 의료 R&D 사업의 중심지인 Texas Medical Center가 소재하고 있으며, 약 60개 의료기관에서 10만여 명이 종사하고 있다. 댈러스에 위치한 북텍사스 의료단지인 Southwestern Medical District 내 병원, 의료 교육 및 연구기관, 바이오 메디컬 센터에 3만여 명 종사하고 있다.

❹ IT, 첨단 기술

텍사스에는 IT 기업 약 3만 개사가 소재하고 있으며, 고용 인원은 37만여 명이다. 댈러스, 오스틴, 휴스턴 등 대도시를 중심으로 IT 산업이 발달했다. 특히 데이터 처리, 호스팅 및 관련 서비스 종사 인구가 현저히 많이 분포되어 있으며, 미국 내 데이터 센터 70%가 텍사스에 소재하고 있다. 댈러스 지역 리차드슨은 텔레콤 코리도Telecom Corridor라는 별칭이 있으며, AT&T, 삼성전자, Dell, Texas Instruments 등이 밀집해 있다. 오스틴은 반도체, 컴퓨터, 소프트웨어 등 북미 최대의 반도체 생산, R&D 센터 밀집 지역으로 실리콘힐Silicon Hills이라고 불린다. 삼성 오스틴 반도체, Emerson, Dell, Intel, Tesla 등 글로벌 기술 산업 업체들이 소재하고 있다.

Texas Enterprise Fund(TEF)를 통한 주 정부의 지원이 풍부하다. 지난 10년간 Apple(오스틴, 2,100만 달러), ACTIVE Network(댈러스, 258만 달러), Visa(오스틴. 790만 달러), Microsoft(댈러스, 487만 달러), Oracle(오스틴, 100만 달러), Omnitracs(댈러스, 390만 달러), eBay(오스틴, 140만 달러), Gartner(얼빙, 390만 달러), Infosys(리차드슨, 308만 달러) 등이 TEF 혜택을 받았다.

❺ 물류 및 유통

미국 남부지역 교통의 중심지인 댈러스는 북미 최대 내륙항이다. American Airlines, Southwest Airlines의 본사가 댈러스 지역 소재하고 있다, 휴스턴은 United Airlines의 주요 허브 공항이다. 댈러스-포트워스 공항, 휴스턴 조지부시 공항은 미국 내 각각 규모 2위, 5위를 차지하고 있다. 텍사스를 관통하는 5개의 메이저 하이웨이와 13개의 국도는 차량으로 미국 내 어떤 주라도 2일 이내에 도달할 수 있는 입지를 제공하며, 미국 4개 메이저 철도회사 중 BNSF, Union Pacific 2개 사가 소재하고 있다. 한편 미국 최대 유통회사 Mckesson(9), Sysco(56) 등 대형 유통기업들이 이곳에 소재하고 있다. (괄호 안은 2023년 Fortune 순위)

휴스턴 항은 걸프만(아메리카 만)의 해상 물류 중심지이자 텍사스 내 최대 항구로, 걸프만 물동량의 약 70%를 담당하고 있다. 휴스턴 항을 통한 주요 거래 국가는 멕시코, 중국, 브라질, 네덜란드 등이다.

3) 대외 무역

❶ 주요 교역 동향

2023년 텍사스 총 무역 규모는 8,267억 달러, 미국 전체 교역량의 16.2%로 1위를 차지하고 있다. 텍사스의 수출액은 4,446억 달러로 미국 수출의 22.0%를 차지하며, 미국 내 수출 1위이며, 주요 수출국은 멕시코, 캐나다, 네덜란드이며, 한국은 텍사스의 5위 수출국이다.

텍사스의 10대 수출 국가

순위	국가	2021			2022			2023		
		금액($M)	비중(%)	증감률(%)	금액($M)	비중(%)	증감률(%)	금액($M)	비중(%)	증감률(%)
1	멕시코	124,281	32.9%	39.2%	144,287	29.6%	16.1%	129,509	29.1%	-10.3%
2	캐나다	29,049	7.7%	24.4%	38,419	7.9%	32.3%	35,883	8.1%	-6.6%
3	네덜란드	14,869	3.9%	65.5%	19,639	4.0%	32.1%	26,580	6.0%	35.3%
4	중국	21,612	5.7%	23.5%	22,330	4.6%	3.3%	26,467	5.9%	18.5%
5	한국	18,812	5.0%	51.6%	21,955	4.5%	16.7%	21,063	4.7%	-4.1%
6	일본	13,515	3.6%	37.2%	14,788	3.0%	9.4%	13,445	3.0%	-9.1%
7	싱가포르	7,925	2.1%	48.8%	15,879	3.3%	100.4%	12,950	2.9%	-18.5%
8	영국	9,585	2.5%	27.7%	15,768	3.2%	64.5%	12,514	2.8%	-20.6%
9	대만	9,280	2.5%	23.0%	13,275	2.7%	43.0%	11,556	2.6%	-13.0%
10	브라질	14,419	3.8%	45.6%	16,656	3.4%	15.5%	10,524	2.4%	-36.8%
전체		377,879	100%	36.2%	487,417	100%	29.0%	444,608	100%	-8.8%

자료: 미 통계청

텍사스의 수입액은 3,821억 달러, 미국 수입의 12.3%로 2위(1위 캘리포니아)이며, 주요 수입국은 멕시코, 캐나다, 중국이며 한국은 텍사스의 7위 수입국이다.

텍사스의 10대 수입 국가

순위	국가	2021			2022			2023		
		금액($M)	비중(%)	증감률(%)	금액($M)	비중(%)	증감률(%)	금액($M)	비중(%)	증감률(%)
1	멕시코	107,654	34.5%	22.1%	141,266	36.8%	31.2%	142,717	37.4%	1.0%
2	캐나다	21,236	6.8%	40.4%	32,919	8.6%	55.0%	36,995	9.7%	12.3%
3	중국	34,638	11.1%	22.5%	38,396	10.0%	10.8%	32,694	8.6%	-14.8%
4	일본	21,399	6.9%	5.4%	11,163	2.9%	-47.8%	18,033	4.7%	61.5%
5	베트남	14,724	4.7%	33.2%	20,769	5.4%	41.1%	16,115	4.2%	-22.4%
6	독일	7,971	2.6%	27.1%	9,095	2.4%	14.1%	10,827	2.8%	19.0%
7	한국	9,935	3.2%	53.8%	11,139	2.9%	12.1%	10,699	2.8%	-4.0%
8	대만	5,789	1.9%	29.7%	7,797	2.0%	34.7%	9,602	2.5%	23.1%
9	인도	4,939	1.6%	38.0%	7,155	1.9%	44.9%	7,852	2.1%	9.7%
10	말레이시아	8,885	2.9%	10.4%	9,966	2.6%	12.2%	7,495	2.0%	-24.8%
	전체	311,678	100%	26.1%	384,105	100%	23.2%	382,093	100%	-0.5%

자료: 미 통계청

4) 매출 기준 텍사스에 본사를 둔 Fortune 500 기업 리스트

<참고> 한국 기업의 대 미국 투자 현황

텍사스 5대 도시

휴스턴(Houston)

1] 개요

- 위치: 텍사스 남동부, 아메리카 만(구 멕시코 만)과 인접
- 인구: 약 300만 명(2025년 기준 추정), 텍사스 최대 도시이자 미국 4대 도시
- 별명: Space City

2] 특징

- 에너지 산업의 중심지: 세계적인 석유·가스 산업 허브. 엑슨모 빌, 쉘, 셰브론 등 에너지 기업들이 집중.
- 우주 산업: NASA의 존슨 우주센터(JSC)가 위치하여, 미국 항 공우주 기술의 핵심 거점.

- 바이오·의료 산업: 세계 최대 규모의 의료단지인 텍사스 메디컬 센터TMC가 위치.
- 항만 물류: 휴스턴 항구는 미국에서 가장 바쁜 항만 중 하나이며, 국제 무역의 핵심 경로.
- 다문화 도시: 이민자 비율이 매우 높아, 스페인어, 베트남어, 중국어, 한국어 등 다양한 언어 사용. 다양한 민족의 음식과 문화가 혼합된 글로벌 도시.
- 고등 교육: 라이스 대학교, 휴스턴 대학교, 텍사스 A&M 대학교(휴스턴 2시간 거리 컬리지 스테이션에 위치) 등 여러 주립대나 사립대들이 있음.

댈러스(Dallas)

1] 개요

- 위치: 텍사스 북부 내륙
- 인구: 약 140만 명, 광역권(Dallas-Fort Worth metroplex)은 약 770
  만 명
- 별명: Big D

2] 특징

- 비즈니스 중심지: 금융, 보험, 기술 기업들의 집결지. 많은 포
  춘 500대 기업이 본사를 두고 있음.
- 기술과 통신 허브: AT&T 본사가 있으며, 통신과 IT 산업이 발달.
- 물류와 운송: 미국 전역을 잇는 주요 도로와 철도가 교차하며,
  댈러스-포트워스 국제공항(DFW)은 세계에서 가장 바쁜 공항
  중 하나.
- 도시 재생과 문화: 다운타운 및 디자인 디스트릭트 개발 활발.
  댈러스 미술관, 퍼포먼스 아트 센터, 현대 건축물 등이 어우러
  진 문화 도시.
- 고등 교육: SMU, UT 댈러스를 비롯해 다양한 대학교들이 있다.

샌안토니오(San Antonio)

1) 개요

- 위치: 텍사스 남중부
- 인구: 약 160만 명, 텍사스에서 두 번째로 큰 도시
- 별명: 알라모의 도시

2) 특징

- 역사 유산: 1836년 텍사스 혁명 당시의 전투지인 알라모 요새 The Alamo가 있어 역사 관광 중심지.
- 군사 도시: 미군 기지 다수 존재(Lackland, Fort Sam Houston 등), 국방 관련 산업 중요.
- 관광 산업: 리버워크(River Walk)와 스페인 식민지 유적지로 매년 수백만 명의 관광객 유치.
- 제조업과 생명과학: 최근 의료, 생명공학, 반도체와 관련된 첨단 제조업 성장 중.
- 고등 교육: UT 샌안토니오를 비롯해 많은 학교들이 있다.

오스틴(Austin)

1) 개요

- 위치: 텍사스 중부
- 인구: 약 100만 명(광역권 약 240만 명), 텍사스 주도
- 별명: 라이브 음악의 수도, 실리콘 힐스Silicon Hills

2) 특징

- 기술 산업 중심지: 애플, 구글, 페이스북, 테슬라 등이 오스틴에 대규모 캠퍼스 및 공장 보유. 테슬라 기가팩토리는 2021년 이후 오스틴 경제를 크게 성장시킨 요인 중 하나.
- 스타트업 허브: 벤처 캐피탈 유입이 활발하며, IT 및 SaaS 기업이 빠르게 성장.
- 고등 교육: 텍사스 대학교 오스틴 캠퍼스(UT Austin)는 미국 최고 공립대학 중 하나.
- 문화와 창의성: SXSW(South by Southwest)와 같은 세계적인 음악·영화·기술 축제 개최.

엘파소(El Paso)

1] 개요

- 위치: 텍사스 서단, 멕시코 치와와주 시우다드 후아레스(Ciu-dad Juárez)와 국경을 맞댐
- 인구: 약 70만 명(광역권 포함 시 약 100만 명 이상)
- 별명: Sun City

2] 지리적 특성

미국-멕시코 국경 도시로, 리오그란데강을 사이에 두고 멕시코와

바로 연결되어 있음. 국경 도시 중 하나인 만큼 스페인어 사용자 비율이 매우 높고, 문화적으로 라틴 아메리카와 밀접.

3) 주요 산업

❶ 국경 무역 및 물류

엘파소-후아레스 지역은 북미 최대의 국경 산업 단지 중 하나. NAFTA(현 USMCA) 이후 북미 제조·조립업의 핵심 지점으로 발전. 트럭 운송, 세관, 창고업 등이 발달. 특히 전자, 자동차 부품, 의류 등의 경공업 제조품이 양국 간 활발히 오감.

❷ 군사

포트 블리스Fort Bliss: 미국 최대 규모 육군 기지 중 하나. 병참, 훈련, 테스트 시설 등이 있어 국방 산업 및 관련 민간기업 유치 효과 있음.

❸ 제조업

엘파소는 섬유, 전자, 의료 기기, 항공 부품 등 경공업 제조가 발달. 멕시코 후아레스에는 마킬라도라Maquiladora라고 불리는 수출형 조립 공장들이 밀집되어 있으며, 엘파소가 그 북미 관문 역할을 함.

❹ 헬스 케어 및 교육

텍사스 공과대학 건강과학센터(THSC) 등 의료 및 생명과학 연구기관 성장 중.

❺ 문화와 라이프 스타일

라틴계 인구 비율이 80% 이상으로, 스페인어가 일상어 수준. 텍스-멕스 음식, 전통 음악, 축제 등 문화적으로 매우 독특한 남서부 도시 분위기. 치안 이슈는 과거에 비해 많이 안정되었고, 엘파소는 군사 도시라 미국 내에서는 안전한 도시 중 하나로 꼽히기도 함.

❻ 한국 기업 진출 가능성

멕시코 생산기지를 염두에 둔 기업에 매우 유리한 입지. USMCA를 활용한 북미 수출 거점으로 주목 가능. 의료 기기, 화장품, 의류 산업, 자동차 부품, 반도체 후공정 등 경공업 제조 분야에서 진출 유망. 물류센터, 통관·세관 지원 서비스, 국방 관련 산업 협력도 유망 분야.

◆ 엘파소는 한국 기업 진출 시 멕시코 생산기지 연계, 북미 시장 수출용 거점으로 적합하다. 엘파소는 텍사스 내에서는 상대적으로 조용한 도시처럼 보일 수 있지만, 미국과 멕시코 사이의 경제 허브로써 북미 전체 공급망에서 중요한 역할을 한다. 특히 저렴한 인건비, 지리적 접근성 그리고 미국 내 입지라는 세 요소를 모두 갖추고 있어 한국 제조기업에게는 매력적인 진출지 중 하나가 될 수 있다. 한국 기업의 적극 진출을 권장한다.

엘파소와 다른 국경 도시 비교

엘파소를 텍사스 내 다른 대표적인 미-멕시코 국경 도시들과 비교해 보면 각 도시가 어떤 특성과 경쟁력을 가지고 있는지 그리고 한국 기업 입장에서 어떤 전략적 선택지가 가능한지 좀 더 명확해진다.

비교 대상 도시

엘파소(El Paso, TX)

라레도(Laredo, TX)

맥앨런(McAllen, TX)

국경 도시 비교 테이블

항목	엘파소	라레도	맥앨런
인구(도시기준)	약 70만	약26만	약14만
국경도시 상대편	시우다드 후아레스	누에보 라레도	레이노사
핵심산업	제조업, 물류, 국방	트럭 물류, 유통	전자 의료기기 조립, 농산물
포트 블리스 (군사기지)	O	X	X
국경 물류 규모	크고 다각화됨	미국 내 최대 육로 물류 허브	중간 규모
제조기지 인접성	후아레스의 마킬라도라와 밀접	누에보 라레도 지역 조립공장	레이노사의 전자 의료기기 공장
한국기업진출 적합성	높음-제조/국방 /물류 연계	높음-유통, 운송 특화	중간- 경공업 중심
바용 수준	중	낮음	낮음
문화/언어	스페인어 비중 높음 군사도시 특성	스페인어/트럭 업종 밀집	라틴계 중심의 소도시

도시별 간단 요약

❶ **엘파소**(El Paso, TX)

- 장점: 대규모 군사 기지(포트 블리스), 후아레스와의 조립 제조 연계, 치안 개선, 저렴한 비용

- 적합 산업: 전자·자동차 부품 조립, 의료 기기, 화장품, 국방 관련 장비, 물류 거점
- 한국 기업에 적합한 이유: 제조-물류-미국 시장 연결에 효율적

❷ 라레도(Laredo, TX)
- 장점: 미국 내 최대 트럭 운송 교차점, 총 미-멕시코 무역량의 약 40% 통과
- 제한점: 제조업보다는 물류·유통 특화
- 한국 기업 적합도: 물류 기업, 유통망 확보를 노리는 기업에 유리

❸ 맥앨런(McAllen, TX)
- 장점: 레이노사의 전자·의료 기기 경공업 마킬라도라와 연결
- 제한점: 도시 규모 작고 인프라 한계 있음
- 한국 기업 적합도: 중소형 제조기업, 저비용 생산기지 원하는 기업에 적합

결론: 국경 도시에 대한 한국 기업의 전략적 선택

기업 유형	추천 도시
대기업(자동차 전자)	엘파소
중견 제조기업(조립, 의료기기 등)	엘파소, 맥앨런
무류 운송 특화 기업	라레도
국방 협력 또는 군 납품 기업	엘파소

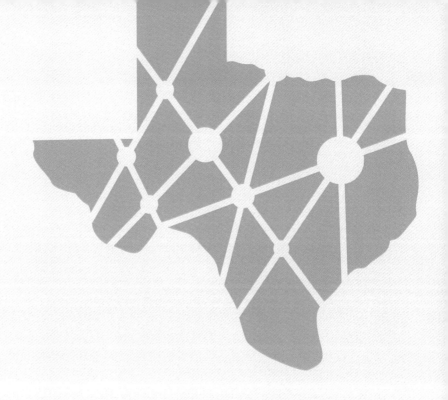

제2부

경제 안보와 기술 협력의 전략적 허브 텍사스

1) 제2부는 한국 기업에 텍사스의 전략적 중요성을 강조하기 위해 졸저 『나는 텍사스 1호 영업사원입니다』(2024)의 일부 내용과 언론 기고문을 다시 수록했다. 저서의 목적을 위해 불가피한 조치라는 점을 양해 바란다.

텍사스, 한미 첨단기술 협력의
전략적 요충지

6월 27일, 주휴스턴 총영사관은 현지에서 한미 기업인·전문가 150 명을 대상으로 '한·텍사스 경제포럼'을 열었다. 텍사스 진출을 희망하는 우리 기업들을 더욱 효과적으로 지원하기 위한 플랫폼으로, 텍사스 진출에 관심 있는 기업이라면 꼭 만나봐야 할 인물들이 전부 한자리에 모인 것이다. 아드리아나 크루즈Adriana Cruz 텍사스주 경제개발국장, 인근 아칸소주의 휴 맥도날드Hugh McDonald 상무장관, 미국 항공우주국NASA 존슨우주센터의 더글러스 테리어Duglas Terrier 전략 담당 부센터장 등 주요 인사들이 참여해 한국 기업들에 대해 깊은 관심을 표명하고, 우리 기업의 미국 진출을 적극 돕겠다고 밝히는 동시에 다양한 의견들을 교환한 매우 고무적인 시간이었다.

텍사스는 미국 전역으로부터 인구 유입과 기업 이주가 크게 늘면서 경제와 산업의 중심지로 부상했다. 텍사스는 다른 국가들과 비교해도 세계 8위 규모의 경제로 러시아, 캐나다, 이탈리아보다도 국내총생산(GDP)이 높다. 수출, 투자 유치, 경제성장률이 미국 내 주별 순위 1위이며, 2023년 인구 증가(47만 명), 신규 일자리 창출(32만 6,000명)도 1위를 기록했다. 81개의 4년제 대학들도 포진해 교육 인프라 또한 우수하다. 소득세가 없는 기업 친화적인 환경으로 2023년 기준 포춘 500대 기업 중 가장 많은 55개 사가 위치해 있고, 우리나라 기업 역시 삼성, SK, 현대차 등 대기업을 포함해 240개 사업체가 진출해 있다.

텍사스는 석유·가스가 풍부해 전통적으로 에너지 산업이 발달했지만 이를 바탕으로 미래 먹거리인 반도체, 우주, 바이오 등 첨단 산업에도 강점이 있는 만큼 한·텍사스 협력을 강화해 대미 진출 시장을 넓혀야 한다. 반도체의 경우, 오스틴에 진출한 삼성전자의 테일러 공장 신설을 포함해 텍사스인스트루먼트 등의 6개 투자 프로젝트가 진행 중일 정도로 텍사스는 반도체 제조 중심지로 부상했다. 우리 소부장 기업들이 동반 진출해 대미 수출도 늘리고 우리 반도체 산업의 성장도 도모해야 한다.

바이오·의료 분야의 경우, 기존 대미 협력의 중심지였던 동부의 보스턴, 서부의 샌프란시스코에 이어 휴스턴의 텍사스메디컬센터와도 협업을 강화해야 한다. 유명인들이 다수 치료받은 MD앤더슨암센터는 국내에도 잘 알려져 있지만 암 센터가 위치한 세계 최대 의료 단지인 텍사스메디컬센터는 아직 국내에서는 익숙하지 않은 것 같다. 국내 바이오 전문가 및 기업들과의 교류를 확대해 미국 중남부 지역 바이오 시장 개척을 본격화할 필요가 있다.

아울러 한국 우주항공청 신설을 계기로 유인 우주 임무 컨트롤 타워인 나사 존슨스페이스센터와도 교류를 확대할 필요가 있다. 휴스턴 총영사관은 지난해부터 한미 우주 포럼을 개최하고 있는데, 이러한 기회 등을 통해 정부 기관, 우주 분야 전문가, 기업 간 협업을 확대하고 아르테미스 프로그램과 화성 탐사 추진 과정에서 우리의 역할을 늘려갈 필요가 있다.

에너지 분야에서도 휴스턴 에너지 기업들이 연합한 하이벨로시티HyVelocity 수소 허브가 지난해 10월 미 에너지부로부터 12억 달러 보조금 지원 대상에 선정됐고, 주요 석유·가스 기업들은 미 인플레이션감축법IRA 인센티브를 활용해 수소, 암모니아, 탄소 포집·활용·

저장ccus 등 신산업 분야 투자를 크게 늘리고 있으므로 우리 기업들과도 다양한 형태의 파트너십을 구축할 수 있을 것이다.

텍사스 주지사가 7월 투자 유치 등을 위해 우리나라를 방문하는 등 텍사스주도 우리와의 강한 협력 의지를 보이고 있다. 미국 본토에서 가장 큰 주인 텍사스에서 반도체, 우주, 바이오 등 첨단 산업 분야 양측 협력이 더욱 높아지기를 기대한다. 한·텍사스 간 협력 확대는 지난해 70주년을 맞이한 한미 동맹의 새로운 지평을 열 것으로 굳게 믿는다.[2]

한·텍사스 경제포럼

2) 서울경제신문 기고(24. 08. 25.)
   (https://www.sedaily.com/NewsView/2DD5KSXJPH)

도시의 변화와 혁신을 주도하는
테일러시와 삼성반도체

텍사스주에 도전과 변화 그리고 혁신의 바람이 불고 있다. 이 바람은 인구 15,000명 정도의 소도시인 테일러시가 주도하고 있다. 테일러시는 전통적으로 농업과 목축업 중심의 작은 도시로, 텍사스 카우보이 영화에서 볼 수 있는 시골 분위기가 물씬 풍기는 곳이다. 텍사스의 주도인 오스틴에서 승용차로 약 30분 거리에 위치해 있다.

텍사스의 소도시 테일러에 세계적인 규모의 삼성반도체 공장이 설립되고 있다는 것은 매우 놀라운 일이 아닐 수 없다. 어떻게 이런 일이 일어날 수 있을까? 나는 작년 4월에 테일러 시장과 윌리엄슨 카운티 저지Judge를 만났다. 삼성반도체 공장을 적극적으로 유치해 시골 도시의 도전과 변화 그리고 혁신의 돌풍을 일으킨 주역들을 만나 그들이 이런 혁신적인 일을 추진하게 된 배경과 향후 삼성

반도체 공장을 통해 어떻게 도시의 미래를 펼쳐 갈 것인가에 대하여 대화를 나누는 것은 매우 흥미로운 일이 아닐 수 없었다.

삼성전자는 1996년 오스틴시에 반도체 공장을 세우기 위해 첫 삽을 뜬 이후 약 23년간 오스틴 부지에 총 180억 달러를 투자했다. 그리고 2020년 텍사스 중심부에 약 1만 개의 일자리를 창출하고, 4억 6,800만 달러가 넘는 임금을 지불하여 총 45억 달러 이상의 경제적 효과를 창출해 텍사스를 기회의 땅으로 변화시켰다.

브랜트 라이델Brandt Rydell 테일러 시장과 빌 그라벨Bill Gravel Jr. 텍사스주 윌리엄슨 카운티Williamson County 저지는 이러한 현실에 매우 고무되었다. 두 사람은 세계적 규모의 반도체 공급망 확보가 계속 확장되어 갈 것을 예상하고 오스틴 근교에 삼성반도체 공장이 새롭게 건설될 경우, 가장 적합한 후보지가 테일러시라고 판단해 삼성반도체 공장 유치에 전력을 기울이며 혁신적 도시의 미래를 꿈꾸었다. 그리고 그들은 여러 차례 한국을 방문해 삼성반도체 평택 공장을 돌아보고 삼성전자 임원진들을 면담해 지속적인 협상을 통해 강한 신뢰 관계를 구축했고, 신규 공장 건설에 필요한 부지와 사회간접 자본 시설 투자, 전기와 물 공급 등을 획기적으로 제안하고, 텍사스주 정부의 파격적인 지원까지 얻어 테일러시에 삼성반도체 공장 유치에 성공했다.

테일러시 시장과 관계자들

삼성전자는 2022년 테일러시에 새로운 공장 건설을 착공해 2024년 가동을 목표로 하여 5G와 인공지능(AI), 고성능 컴퓨팅(HPC) 등 다양한 분야의 차세대 기술에 힘을 실어 줄 첨단반도체 생산량을 끌어 올리고, 글로벌 반도체 공급망 안정성에 이바지하기 위해 노력하고 있다. 삼성전자는 테일러시에 약 170억 달러(약 22조) 이상을 투자하고, 완공 후 약 2만여 개 일자리가 창출될 것으로 보아 테일러시와 윌리엄슨 카운티에 발생할 경제적 효과는 텍사스 시골 마을을 혁신 도시로 변화시키면서 새로운 미래를 여는 기회의 땅으로 만들 것이다.

나는 윌리엄슨 카운티 저지를 만나 한국 기업이 테일러시를 비롯해 윌리엄슨 카운티에 진출하도록 획기적인 방안을 제시해 준 것에 대해 감사를 표하고, 테일러시에 진출을 희망하는 반도체 관련 부품 제조 한국 기업들을 대상으로 윌리엄슨 카운티를 적극적으로 소개하겠다고 말하면서 기업 진출 시 불필요한 환경을 적극적으로 개선하고 좋은 투자 환경을 만들어 줄 것과 전문직 비자 쿼터 확보가 필요한 경우, 카운티 저지도 이에 관심을 두고 텍사스주 정부와 연방정부에 필요한 지원에 나서 줄 것을 요청했다.

윌리엄슨 카운티 저지는 대한민국의 총영사가 자신을 찾아온 것은 처음 있는 일이라며 매우 반가워했다. 그는 나에게 한화가 자동차 부품 생산을 위해 윌리엄슨 카운티 북부 지역에 1억 8천만 달러 규모의 공장을 건설할 예정이라고 밝히면서, 현재 삼성전자, 델, 애플 등이 소재한 윌리엄슨 카운티는 반도체와 컴퓨터 산업이 강하고 한화의 진출로 자동차 부품으로도 산업을 다변화할 수 있어서 매우 기쁘다고 말했다.

그리고 서울에 미국 진출을 고려하고 있는 한국 기업을 지원하기 위해 카운티 사무소를 개설할 예정이라고 말하면서, 앞으로 나와 지속적인 소통을 통해 한국 기업과 텍사스의 친화적 관계를 발전시켜 가는 데 최선을 다하겠다고 약속했다. 특히 빌 그라벨 카운티 저지는 자신도 목사 출신인데, 한국의 총영사도 목사 출신이라 매우 반갑다며 나와 소통하는 것을 매우 좋아했다.

테일러시, 한국 기업 진출의 문 활짝 열려 있어

나는 테일러 시장을 만나 한국 기업들이 삼성과 함께 테일러에 진출해 산업생태계가 형성되길 희망한다고 말하면서 테일러시와 서울시 금천구와의 자매 도시 결연을 제안했다. 또한 한국 최대 IT 벤처 기업들이 입주해 있는 가산디지털 산업단지가 소재한 금천구의 경제 현황과 산업 구조 등을 설명하고, 삼성반도체 공장이 들어설 테일러시와 IT 및 전자 산업체들이 모여 있는 금천구가 자매 도시가 된다면 상호 시너지 효과가 클 것이라며 테일러시가 관심이 있다면 금천구와 연결해 금천구 사절단이 테일러시를 방문하도록 주선하겠다고 약속했다.

브라이언트 라이델 시장은 테일러시가 삼성뿐만 아니라 한국 기업들이 텍사스 진출의 본거지가 되기를 바란다면서, 금천구의 자매 도시 제안을 환영한다고 밝혔다. 그는 테일러시가 농업 중심 도시에서 산업도시로 큰 변화를 추진하고 있으며 삼성을 중심으로 한 산업생태계가 조성되길 강력히 희망하나, 어떠한 분야의 기업에게도 진출의 문은 열려 있다고 말했다. 이어 그는 한국의 총영사가 직접 테일러시를 방문한 것도 처음 있는 일이며, 자매 도시 제안과 기업 진출의 미래를 위해 상호 협력하는 문제로 소통을 하게 되어 매우 기쁘다고 밝히면서, 앞으로 한국 기업이 테일러시에 진출하는 데 어려움이 없도록 지속적으로 소통하고 지원하겠다고 밝혔다.

이후 총영사관의 상무관이 금천구와 테일러시 관계자들이 자매 도시 체결 문제를 협의하도록 네트워크를 구축해 주었고, 두 도시 간 관계자들의 지속적인 소통을 통해 작년 11월에 금천구청장과 구청 관계자들이 테일러시를 방문해 두 도시 간 파트너십Partnership을 체결했다. 앞으로 두 도시 간 활발한 경제 및 문화 교류를 기대한다.

미국 진출을 희망하는 국내 기업의 경우 미국의 지방정부가 기업들에 제공하는 다양한 인센티브 등을 충분히 활용해 진출 성과를 극대화할 필요가 있다. 나는 텍사스주 1호 영업사원으로서 텍사스 주정부, 카운티, 시 그리고 지역 개발 공사 등 관련 기관들과 긴밀한 협력 관계를 유지하고 이를 더욱 강화해 텍사스 진출을 희망하는 우리 기업을 적극적으로 지원할 경제 플랫폼을 만들 계획을 갖고 준비하고 있다.

이미 작년 2월에 휴스턴 주재 지상사 및 상공인을 위한 경제인 협력 플랫폼 행사를 했고, 올해 2월 16일엔 더 큰 규모로 '한-텍사스 경제 플랫폼' 행사를 개최했다. 나는 이것을 기반으로 올 상반기 중에 '한-텍사스 경제포럼'을 출범해 텍사스에 진출하려는 우리 기업들을 적극적으로 지원하려고 한다. 또한 작년 9월에 아칸소주 경제개발청장을 휴스턴으로 초대해 이곳에 진출한 30여 개 우리 기업 관계자들을 대상으로 아칸소주 투자설명회를 갖도록 지원했다.

나는 텍사스주 1호 영업사원이다. 텍사스에 한국 기업 생태계를 조성하기 위해 주 정부와 주의회를 방문해 네트워크 구축에 노력을 기울이고 있다. 심방 외교는 미국에 진출할 기업 활동 지원 방안을 찾고, 국익을 창출하기 위해 현장을 방문해 솔루션을 찾는 최선의 노력이다.

관련 기사

연합뉴스, "美휴스턴총영사관 "텍사스주 진출 한인경제인 협력 플랫폼 마련""(2023.02.18.)[3]

---

3) 정영호, 『나는 텍사스 1호 영업 사원입니다』, 북랩, 2024, p.64-69

글로벌 에너지 전환을 이끄는
세계 에너지 수도 휴스턴

휴스턴은 세계 에너지 수도이다. 휴스턴 지역에는 엑손 모빌Exxon Mobile, 쉘Shell, 셰브론Chevron, 비피BP, 토탈에너지TotalEnergy, 할리버튼Halliburton, 코노코필립스ConocoPhillips, 헬릭스 에너지 솔루션Helix Energy Solution 그리고 아파치Apache, 베이커 휴즈Baker Hughes, 시트고Citgo, Fmc 테크놀로지Fmc Technologis, 와 슐름버거Schlumberger 등 세계적인 석유·가스 에너지 메이저 회사들을 비롯해 600개 이상의 탐사 및 생산 회사 1,100개 이상의 유전 서비스 회사, 180개 이상의 파이프라인 운송 시설을 갖춘 세계 에너지 도시로서 4,700개 이상의 에너지 관련 기업이 활발하게 활동하고 있다.

휴스턴은 25만 개 이상의 에너지 일자리를 창출하고 있어 미국 전체 석유와 가스 추출 분야에서 일자리의 1/3을 차지하고 있다.

사실상 휴스턴은 탐사, 생산, 전송, 마케팅, 공급 및 기술을 포함하여 에너지 산업의 거의 모든 부문에 대한 글로벌 수도이자 거대한 지적 자본의 중심지이다. 휴스턴은 또한 이 지역에 100개 이상의 태양광 관련 회사와 30개 이상의 풍력 관련 회사를 기반으로 재생 에너지 분야에서도 중요한 역할을 하고 있다.

전문가들은 휴스턴은 오늘날 세계 에너지 수도에서 2040년까지 세계 에너지를 전환하는 수도로 중추적 역할을 담당하는 세계 에너지 전환 도시가 될 것으로 예측한다. 즉, 샌프란시스코가 실리콘밸리로 기술력의 전환을 주도한 것처럼 휴스턴이 세계 에너지의 전환을 이끄는 중심 도시가 된다는 것이다. 휴스턴은 이미 세계 에너지의 전환을 주도하는 신기술, 혁신적인 프로젝트를 추진하는 기업가, 다양한 인재, 전체 자본 스택에 걸친 자금 조달, 우호적인 정책 및 규제를 포괄하는 주 정부와 휴스턴시의 협력 등 에너지 전환의 가장 친화적인 자연적이며, 경쟁적 이점이 두드러진 글로벌 기업 생태계를 구축하고 있다.

신재생에너지를 주제로 개최된 코리아 에너지 포럼 2023

　이러한 장점들은 특히 청정수소와 같은 기술 분야에서 휴스턴의 에너지 전환 리더십을 촉진한다. CCUS(탄소 포집, 활용 및 저장), 화학물질 및 플라스틱, 그리고 재생 가능한 연료, 인플레이션 감소법IRA 통과로 투자자들이 다양한 에너지 전환 기술에 자본을 할당할 수 있는 훨씬 더 큰 경제적 인센티브가 잠재적으로 존재하기 때문에 휴스턴이 에너지 전환에 대한 글로벌 영향력과 그것을 확산하는 데 중요한 강점을 지니고 있다는 것이 전문가들의 분석이다.

미 에너지부, 휴스턴에 12억 불 투자 수소 에너지 개발 주도

작년 10월 13일 미국 에너지부는 휴스턴의 하이벨로시티 허브 HyVelocity Hub 프로젝트를 포함한 7개 수소 허브 프로젝트를 선정해 발표하였다. 미국 정부는 지난 2년 간 청정수소 확대를 위해 청정수소 허브 이니셔티브 H2Hub Initiative 를 추진해 왔으며, 에너지부는 2022년 9월 수소 허브 개발을 위한 70억 달러의 연방 자금 투자 계획을 발표하면서 이를 통해 400억 달러 이상의 민간 투자를 유치하고, 전국적으로 30만 개 이상의 관련 일자리를 창출할 것으로 전망했다.

이번에 선정된 7개 수소 허브는 청정수소의 생산, 저장, 배송 및 최종 사용을 지원하는 동시에 청정수소 생산자, 소비자와 이들을 연결하는 인프라로 구성되며, 이를 통해 향후 전국적인 수소 네트워크를 구축하게 된다. 또한 수소 허브는 2030년 미국 수소 생산목표의 약 1/3인 연간 300만 톤의 수소를 생산해 미국 전체 이산화탄소 배출량의 30%를 차지하는 산업 부문의 배출량을 저감할 것으로 기대되며, 이를 통해 미국 전역에 수만 개 양질의 일자리를 창출해 지역사회를 더욱 건강하게 만들 것이라고 에너지부는 밝혔다.

7개 청정수소 허브 프로젝트 가운데 텍사스주 Gulf Coast Hydrogen Hub는 휴스턴 중심의 하이벨로시티 허브로서 7개 프로젝트 중 가장 큰 규모인 최대 12억 달러의 연방 자금을 지원받게 되며, 청정수소 생산 측면에서 7개 허브 중 가장 큰 규모가 될 것으로 예상된다. 하이벨로시티 허브의 회원사로는 UT Austin 대학, 석유 메이저 기업인 쉐브론과 엑손 모빌, 가스 공급업체인 Air Liquid, AES Corp, Mitsubish Power Americas, Ørsted, Sempra Infrastructure, 비영리단체인 Center for Houston's Future 그리고 연구 개발 비영리단체인 GTi Energy 등이 포함되었다.

하이벨로시티 허브HyVelocity Hub에서는 천연가스로부터 수소를 생산하고, 배출되는 이산화탄소는 지하에 저장해 만드는 녹색 수소를 모두 생산할 예정이며, 1만 개의 정규직 일자리와 3만 5천 개의 건설 관련 일자리를 창출할 것으로 기대된다고 에너지부는 발표했다. 비영리단체인 Center for Houston's Future의 최고 경영자 브렛 펄만Brett Perlman은 수소 개발을 통해 세계가 화석 연료에서 더 깨끗한 에너지로 이동하는 과정에서도 휴스턴이 글로벌 에너지 수도로서의 위상을 유지할 수 있을 것이고, 수소는 휴스턴 경제를 계속 성장시킬 수 있는 추가적인 기회를 창출할 것이라고 평가했다.

그렉 에봇Greg Abbott 텍사스 주지사는 성명을 통해 하이벨로시티 허브가 텍사스의 기존 에너지 인프라를 활용하는 동시에 텍사스 기업을 활성화하고 일자리를 창출할 것이며, 이 역사적인 투자는 에너지 및 수소 생산 분야에서 텍사스의 국가적 리더로서의 입지를 더욱 공고히 할 것이며, 미국에서 에너지를 생산하기에 텍사스보다 더 좋은 곳은 없다고 강조했다.

세계 에너지 수도 휴스턴이 글로벌 에너지 전환 도시로 변화를 모색하고 있다. 휴스턴은 세계적인 석유 가스 에너지 수도의 확고한 기반 위에서 하이벨로시티 허브를 중심으로 수소 시장 개발을 가속하면서 탈산소화에 성공적인 업적을 이루며 수소를 확대하고, 에너지 전환을 진전시키는 데 중추적인 역할을 담당할 것이다. 이러한 에너지 전환의 노력은 휴스턴 지역이 세계 에너지 전환 도시로서 글로벌 에너지 수도의 위상을 더욱 극명하게 보여 줄 것이다.

휴스턴은 지금 변화하고 있다. 휴스턴의 변화는 세계 에너지 시장의 혁신적 변화를 의미한다. 우리 기업들이 미래 에너지 전환 열차에 탑승해 세계 에너지 시장에서 공급망 확보를 위한 경쟁에서 유리한 위치를 선점하기 위해서는 정부의 적극적인 지원과 대책이

필요할 뿐만 아니라 에너지 시장에서의 외교적 노력도 병행되어야 할 것이다.[4]

* 에너지부가 선정해 발표한 7개 수소허브 프로젝트는 애팔래치아 청정수소 허브(Appalachian Hydrogen Hub), 캘리포니아 청정수소 허브(California Hydrogen Hub), 걸프만 청정수소 허브(Gulf Coast Hydrogen Hub), 하트랜드 청정수소 허브(Heartland Hydrogen Hub), 미드애틀랜틱 청정수소 허브(Mid-Atlantic Hydrogen Hub), 미드웨스트 청정수소 허브(Midwest Hydrogen Hub), 퍼시픽 노스웨스트 청정수소 허브(Pacific Northwest Hydrogen Hub) 등이다.

4) 정영호, 『나는 텍사스 1호 영업 사원입니다』, 북랩, 2024, p.70-75

휴스턴 NASA와의 만남,
우주 동맹의 첫걸음

휴스턴에 위치한 NASA를 존슨우주센터Johnson Space Center라고 부른다. 존슨우주센터는 1961년 미국 유인우주비행 프로그램의 본거지이자 임무 통제를 목적으로 설립되었다. 존슨우주센터는 최초의 유인우주선 센터로서 당시 텍사스 출신의 부통령 린든 존슨Lydon Johnson이 우주개발위원회 의장을 맡고 있어 유인우주선 센터 프로젝트는 휴스턴에서 시작될 수 있었다. 현재 존슨우주센터라는 명칭은 1973년 미 상원에서 텍사스 출신 대통령인 린든 존슨을 기념하기 위해 그의 이름으로 개정해 사용되었다.

1962년 9월, 케네디 대통령은 휴스턴 라이스 대학교Rice University에서 "한때 서부 개척지에서 가장 먼 전초기지였던 곳이 과학과 우주의 새로운 개척지에서 가장 먼 전초기지가 될 것이다. 유인우주선

센터가 있는 휴스턴은 대규모 과학 및 엔지니어링 커뮤니티의 중심지가 될 것이다."라고 강조하면서 향후 휴스턴이 미국의 우주 개발의 비전을 성취하는 중심지가 될 것임을 선포했다.

휴스턴 존슨우주센터는 60년 넘는 기간 동안 인류의 탐험, 발견 및 성취를 위한 지속적인 모험에서 미국과 세계를 이끌어 왔으며, 이 센터는 기술 혁신과 과학적 발견을 통해 우주 시대의 미래를 여는 중추적 역할을 담당하고 있다. 현재 존슨우주센터는 우주정거장 운영, 우주인 훈련 및 임무 수행 관리 등 유인우주 계획 총괄 본부Mission Control, 아르테미스Artemis, 게이트웨이Gateway(달 궤도에 위치한 우주정거장), 화성 탐사Moon to Mars Initiative 프로젝트 등을 추진하고 있다.

아르테미스는 그리스 신화에 나오는 아폴로의 쌍둥이 남매의 이름으로, 이 프로젝트는 우주비행사를 달로 귀환시켜 그곳에 인프라를 구축하겠다는 NASA 의지를 반영하고 있으며, 궁극적 목적은 화성을 탐사하는 것이다. 2017년에 시작한 아르테미스 프로젝트에는 미국 NASA, 영국, 유럽 우주국, 일본, 대한민국, 호주, 캐나다, 이탈리아, 룩셈부르크, 아랍에미레이트, 우크라이나 그리고 뉴질랜드 등이 참가하고 있다.

윤석열 전 대통령은 2022년 7월 6일, 한국형 발사체 '누리호' KSLV-II 2차 발사 성공을 축하하면서 "우주 경제 시대를 활짝 열어 갈 것"이라고 밝혔다. 이어 윤 전 대통령은 "누리호 발사 성공으로 인공위성 기술과 발사체 기술을 동시에 갖춘 세계 7대 우주 강국이 됐다'고 강조하고, 대한민국의 미래가 국가 경쟁력의 핵심 분야인 우주에 달려 있다며, 본격 우주 경제 시대를 열기 위해 항공우주청 건립을 비롯해 탐사 로봇 및 우주 교통 등 우주 공간에서 필요한 기술 개발 등에 체계적인 지원을 하겠다고 말했다. 또한 윤 전 대통령은 "2031년까지 달착륙선을 개발하고 미국 아르테미스 프로그램 참여도 확대하겠다"고 밝혔다.

그리고 그해 11월에 윤 전 대통령은 미래우주 경제 로드맵을 발표하였다. 여기서 윤 전 대통령은 미래 세대에게 달의 자원과 화성의 터전을 선물할 것을 약속하면서, 5년 내 독자적인 달 발사체 엔진 개발, 2032년 달 착륙과 자원 채굴 시작 그리고 광복 100주년인 2045년에 화성에 착륙한다는 로드맵을 제시하였다. 이를 실현하기 위해 △달·화성 탐사, △우주기술 강국 도약, △우주산업 육성, △우주인재 양성, △우주안보 실현, △국제공조의 주도 등 6대 정책 방향과 지원 방안을 밝혔다. 그뿐만 아니라 윤 전 대통령은 작년 4월 한미

동맹 70주년 기념 워싱턴 디시 한미정상회담에서 한미우주동맹 시대를 선언해 우주시대의 미래에 대한 확고한 의지를 보여 주었다.

작년 4월 초, 나는 서울에서 재외공관장 회의를 마치고 휴스턴으로 돌아와 4월 11일 휴스턴 NASA를 방문해 바네사 와이치Vanessa Wyche 존슨우주센터장을 만나 한미 우주 협력 확대 방안을 논의하였다. 주미 공관장이 NASA 센터장을 만난 것은 처음 있는 일이었다. 존슨우주센터장과 면담한 것은 워싱턴 디시 한미정상회담이 열리기 전이라 나는 와이치 센터장을 만나 금년 한미동맹 70주년을 맞아 양국 동맹이 우주동맹으로 확대되길 바라며, 특히 2022년 5월에 이어 금년에 예정된 양국 정상회담을 통해 양국 간 우주 협력이 더욱 공고해지길 희망한다고 말했다. 그리고 윤 대통령이 우주 경제 비전을 선포하고, 미래 우주 경제 로드맵 발표, 향후 우주항공청 출범 계획 등 우리 정부의 최근 우주 정책 현황 및 계획을 자세히 소개하면서 우주항공청이 개청하면 더욱 활발한 우주 분야 활동을 하게 될 것이라고 소개했다.

바네사 와이치 휴스턴 NASA 센터장

와이치 센터장은 NASA가 아르테미스1 프로젝트에서 오리온 우주선을 활용한 첫 번째 실험을 했으며, 달 궤도에 진입하는 아르테미스2를 통해 아르테미스3의 유인 달 착륙을 준비하고 있다고 밝혔다. 특히 달 궤도에 우주정거장(게이트웨이)을 건설해 우주비행사들이 오리온 우주선을 타고 게이트웨이로, 게이트웨이에서 달로 갈 수 있도록 준비 중이라고 하면서, 향후 국제사회, 산업계, 학계와 협력을 통해 우주인이 화성에 갈 수 있기를 희망하고 있다고 말했다.

나는 아르테미스 프로젝트와 화성 탐사 계획에 대한 한국의 적극적인 참여, 특히 2022년 양국 간 한미 우주 대화에서 우리 측이 제기했던 달 기지 및 게이트웨이 건설에서의 수소, 모빌리티, 통신 기술 분야 협력을 적극 요청하면서 이에 대한 가능성 및 방안을 문의했다. 와이치 센터장은 기본적으로 아르테미스가 개방형 프로그램이기 때문에 탐사 로봇이나 통신 시스템 등 다양한 분야에 많은 국가가 참여할 수 있으며, 한국의 참여도 적극 희망한다고 밝혔다. 특히 아르테미스2, 3 프로젝트 수행 과정에서 달에서 수집한 대량의 자료를 전송하기 위한 별도의 대량 데이터 전송 통신 시스템이 추가적으로 요구될 경우, 이러한 분야에서 한국이 참여할 수 있을 것이라면서 한국과의 협력 강화를 위해서는 전문가들의 충분한 논의가 필요할 것이라고 부연 설명했다.

와이치 센터장과 면담을 마무리하면서 휴스턴 총영사관이 9월에 '한미우주포럼'을 개최할 예정인데, 존슨우주센터 관계자들의 참여를 요청하자 센터장은 적극적으로 지원을 하겠다고 약속하였다. 또한 센터장은 나의 방문을 기념해 달 착륙 우주선과 우주인이 있는 사진에 태극기를 걸어 둔 사진 액자를 선물하면서 한국의 달 착륙 꿈이 이뤄지질 바란다고 격려했다. 매우 감동적인 순간이었다. 그뿐만 아니라 와이치 센터장은 그해 9월 '2023 한미우주포럼'에 존

순우주센터 부소장을 발표자로 보내 포럼의 위상을 한층 높여 주었다.

NASA와 함께 재미공관 최초로 열린 한미우주포럼

나는 한미우주동맹의 미래에 관심이 크다. 우주 개발은 미래 경제를 여는 중요한 수단이며, 국제사회에서 미래의 권력은 우주 안보 경쟁에서 확고한 지위를 확보한 국가만이 누릴 수 있다. 월스트리트 저널(WSJ)은 군사·정보 당국이 스페이스X가 군사위성 발사 및 폭파 임무도 수행할 수 있는 비밀계약을 체결했다고 보도했다. 이

미 미국 정부는 우주산업을 주도하고 있는 스페이스X와 국가 안보 관련 협업을 통해 우주 안보 경쟁의 우위를 선점하는 노력을 기울이고 있다. 공관장으로서 한미우주동맹 시대를 열기 위해 NASA를 방문해 한미우주협력을 직접 논의하고, 지속적인 협력 관계를 유지할 수 있는 것은 총영사로서 보람이자 내가 추구하는 '심방외교'의 결실이다.

관련 기사

연합뉴스, "휴스턴 총영사, NASA와 한미우주협력 논의 … "달 탐사 참여 희망""(2023.04.13.)

연합뉴스, "美 휴스턴서 한미우주포럼 … "달·화성 탐사 양국 협력 늘려야""(2023.09.23.)

코리안저널, "2023 한미우주포럼 성황리 개최"(2023.09.28.)[5]

---

5) 정영호, 『나는 텍사스 1호 영업 사원입니다』, 북랩, 2024, p. 76-81

바이오 산업 전쟁,
세계 최대 의료단지 TMC의 혁신

휴스턴에 위치한 텍사스 메디컬 센터TMC는 세계 최대 규모의 의료 복합 단지이다. TMC는 세계적인 암 치료로 유명한 MD 앤더슨 암 센터를 비롯해 60개 이상의 의료기관이 비영리 조직인 Texas Medical Center Corporation의 회원 기관으로 구성되어 헬스케어의 미래를 창조하는 데 중추적 역할을 담당하고 있다. 현재 이곳에서 10만 명 이상의 일자리가 창출되어 활발한 활동을 펼치고 있다. TMC는 또한 단일 중앙 집중식 의료 생태계 내에서 혁신, 연구, 생산 및 환자 치료에 대한 집단적 전문 지식을 활용하여 치유 속도를 더욱 가속화하는 임무를 수행하고 있으면서, 세계에서 가장 포괄적인 생명과학 생태계를 조성해 글로벌 의료단지로서의 비전을 펼치고 있다.

TMC에는 우리가 잘 알고 있는 세계 최대 규모의 암 치료 센터인 MD 앤더슨 병원과 단일 병원으로서 세계 최대 규모의 어린이 병원이 있다. 특히, 어린이 병원 Texas Children's Hospital은 20분마다 한 명의 아기를 출산하여 연간 2만 6천 명 이상의 신생아를 낳고 있다. 그리고 TMC는 3분마다 한 번씩 수술을 시작하는 기록을 보유하고 있다. 매년 1천 명의 환자에게 의료 서비스를 제공하는 TMC에는 명문 라이스 대학교Rice University, 베일러의과대학Baylor College of Medicine, 메소디스트 병원Houston Methodist Hospital, 메모리얼 허만Memorial Hermann, 텍사스 A&M 대학 보건대학원, 텍사스 어린이 병원, UT 보건 대학원, MD 앤더슨 암 센터 등 굵직한 기관들이 글로벌 의료 혁신을 주도하고 있다.

현재 TMC는 메디컬 캠퍼스Medical Campus, 혁신 공장Innovation Factory 그리고 헬릭스 파크Helix Park와 TMC 바이오포트BioPort 등 4개의 캠퍼스로 구성되어 있다. 메디컬 센터는 TMC의 심장으로, 60개 이상의 의료기관에서 세계 최고의 의료 전문가들이 협력하여 TMC에서만 제공되는 높은 수준의 진료를 제공한다. 여기에는 혁신적인 새로운 치료법을 개발하기 위한 TMC 임상 연구소가 설립되어 있다. 또한 텍사스와 세계의 건강, 교육 및 연구에 부응하고자 기업들과 협력하는 TMC 밴처 펀드와 디지털 및 원격 의료, 의료 기기 및 운영에 초점을 맞춘 혁신적인 생명과학 기술 시장을 확장하기 위한 목적으로 스타트업에 맞춤형 지원을 제공하는 TMC 바이오 브릿지가 있다. TMC 바이오 브릿지는 영국, 호주, 네덜란드, 덴마크, 아일랜드 등 생명과학이 뛰어난 국가들의 스마트업 회사들의 혁신적 기술이 미국 시장에 진출하도록 적극 지원을 하고 있다.

한편, 혁신 공장은 TMC 회원 기관에서 유망한 혁신가와 과학 및 의학 분야 최고의 인재를 통합하여 의료의 미래를 열어 가는 캠퍼스이다. 이곳은 전 세계 텍사스 의료센터에 이르기까지 의학 및 최첨단 기술과의 협력을 주도하고 있는 캠퍼스로 혁신 기업가들이 비전과 네트워크를 넓힐 수 있도록 적극 지원하고 있다. 현재 혁신 공장에는 TMC Healthtech 엑셀레이터 회사가 220개 이상, 현재까지 58억 2천만 달러 기금 조성, 305개 생명과학 스타트업 회사 활동 등 놀라운 바이오 혁신의 미래를 보여 주고 있다. 최근에 한국의 바이오테크 회사들도 이곳에 진출해 바이오 산업의 미래를 준비하고 있다. 앞으로 기술력을 자랑하는 바이오 스타트업이 진출하는 기회가 활짝 열리길 기대한다.

TMC가 혁신적으로 변화하고 있는 모습을 가장 잘 보여 주는 것이 헬릭스 캠퍼스이다. 헬릭스 파크는 세계 최대 의료복합단지의 최첨단 연구 캠퍼스로, TMC가 미래 바이오 산업을 이끌어 가는 데 중추적 역할을 담당하고자 설립한 캠퍼스이다. 작년 10월 23일에 신규 오픈한 TMC 헬릭스 파크에는 텍사스 메디컬 센터, MD 앤더슨 암 센터, 텍사스대 헬스사이언스 대학, 텍사스 A&M 등 4개 기관이 공동으로 개관한 TMC3 Collaborative Building 이 25만 평당 피크 규모로 헬릭스 파크의 중심부에 위치해 있다. 이곳에서 4개 공동 설립 기관의 연구 계획을 통합하고 연구 기관과 산업계의 협업을 촉진할 예정이다.

향후 헬릭스 파크가 모두 완공되면 37에이커 규모로 다이나믹 원(산업 연구 건물), 6개의 산업 및 연구 기관 건물, 호텔, 주거 시설 및 상가를 포함한 복합 용도 건물이 들어설 예정이며, 6개의 서로 연결된 총 18.7에이커의 녹지 공간은 캠퍼스의 척추를 형성하는 구조로 설계되었다. 전문가들은 헬릭스 파크가 완전하게 건설되고 활용되면 매년 54억 달러 이상의 경제적 이익을 내고 19,000개의 건설 일자리와 23,000개 이상의 영구적인 새로운 일자리가 창출될 것이라고 전망한다.

그렉 에봇 텍사스 주시자는 "텍사스주의 전반적인 경제 플랫폼을 평가할 때, 생명과학 분야가 다소 부족하다고 느껴 왔으나, 금번 헬릭스 파크 오픈을 통해 그 공백을 메워 텍사스주가 더욱 발전된 생명과학 산업의 기지가 될 것"이라고 밝혔다. TMC의 CEO 윌리엄 맥키온William Mckeon은 "현대적인 협업 환경에서 생명을 구하는 연구에 이르기까지 헬릭스 파크는 의학의 미래를 정의하는 데 도움을 주고 있다"고 밝히면서 TMC는 휴스턴을 세계 최고의 생명과학 클로스터로 자리매김하면서 전 세계 환자들에게 엄청난 변화를 가져올 수 있는 잠재력을 갖고 있다고 했다.

마지막으로 TMC가 생명과학의 미래를 구축하는 프로젝트는 TMC 바이오포트 캠퍼스 건설이다. TMC는 2022년 9월에 휴스턴 남서부 지역 500에이커 대지 위에 바이오포트를 건설할 것이라고 발표했다. 바이오포트는 바이오 제조의 본거지로서 주요 바이오 제조 및 의료용품 유통 엔진 역할을 담당할 뿐만 아니라 현장 기술교육 센터를 설치해 100,000개 이상의 일자리를 창출할 것이다. TMC는 향후 5년 안에 바이오포트를 완공할 계획이다.

TMC는 휴스턴이 생명과학의 미래를 주도하기 위한 선두 목적지로서의 입지를 강화하고, 바이오포트는 총체적이고 광범위한 비전을 통해 세계 최대의 생명과학 생태계를 발전시키는 데 필요한 모든 필수 구성 요소를 구축하고 있다. TMC가 헬릭스 파크와 바이오포트 프로젝트를 통해 생명과학 생태계의 혁신적 변화를 추구하는 것은 이 분야에서 샌프란시스코, 보스턴, 샌디에이고 등과 경쟁하기 위해 노력하고 있음을 증명하는 것이다. TMC는 향후 미국의 바이오 산업이 휴스턴, 보스턴 그리고 샌프란시스코의 삼각 벨트 구축으로 글로벌 바이오 산업을 선도적으로 이끄는 비전을 추구하고자 과감한 혁신을 시도하고 있다.

윌리엄 맥키온 TMC 회장과 함께

나는 휴스턴 총영사로 부임 후 약 3개월이 되는 시점(3월 20일)에서 글로벌 바이오 산업의 미래를 주도적으로 이끌기 위해 과감한 혁신을 추진하는 TMC를 방문해 MD앤더슨 암 센터, 어린이 병원 그리고 혁신 공장과 헬릭스 파크 현장 등을 둘러본 후 TMC의 CEO 윌리엄 맥키온과 면담했다. 그는 나에게 TMC 현황을 영상으로 설명하고, 이어서 앞서 언급한 TMC의 4개 캠퍼스, 특히 혁신 공장, 헬릭스 파크 및 바이오포트의 미래에 대해 매우 구체적으로 설명해 주었다. 그의 설명은 향후 5년 후에 휴스턴이 생명과학의 혁신을 통해 글로벌 바이오 산업의 메카로 성장할 것이라는 믿음을 심어 주었다.

나는 윌리엄 맥키온에게 한국의 유망한 기술을 보유한 바이오 스타트업 회사들이 TMC에 진출할 수 있는 기회를 제공해 주면 좋겠다는 의사를 밝히면서, 여건이 허락된다면 TMC가 의료 기술이 세계적 수준인 한국에 TMC 바이오 브릿지를 세워 한국의 바이오 기업들이 TMC에 진출해 미국 시장 진입에 성공할 수 있도록 적극적인 관심을 가져 달라고 요청했다. 그리고 윌리엄 맥키온은 한국의 우수한 바이오 기업들이 TMC의 혁신공장과 바이오포트에 진출하도록 홍보해 줄 것을 나에게 요청하기도 했다.

생명과학 기술과 바이오 제조산업의 미래는 상상을 초월한다. 보스턴 컨설팅 그룹은 향후 2030년 이후 바이오 산업의 규모가 30조 달러를 넘어설 것이라고 전망하면서, 이는 전 세계 제조산업의 2/3에 달하는 것이라고 밝혔다. 바이오 산업의 미래에서 글로벌 패권을 장악하기 위한 전쟁이 미국과 유럽에서 치열하게 펼쳐지고 있다. 윤석열 전 대통령도 작년 2월 28일 '바이오헬스 신시장 창출 전략 회의'를 주재하면서 "바이오헬스 산업을 제2의 반도체 산업"이라고 강조하면서 한국판 '보스턴 클로스터'를 조성할 것을 요청했다.

글로벌 바이오 산업의 미래를 주도하는 전쟁의 중심에 휴스턴이 있다. 나는 올해 9월에 휴스턴에서 '2024 한미 바이오 포럼'을 준비하고 있다. 외교 현장에서 시장의 흐름을 읽고 미래를 준비해야 한다. 텍사스 1호 영업 사원은 국익 창출을 위한 심방외교의 영역을 지속적으로 확장하고 있다.

관련 내용

https://texasmedicalcenter.com/[6]

---

6) 정영호, 『나는 텍사스 1호 영업 사원입니다』, 북랩, 2024, p.82-88

* 주휴스턴 총영사관은 TMC와 공동으로 재미공관 가운데 최초로 '2025 한미 바이오 포럼'을 성공적으로 개최했다(25.06.12-13.). 이 포럼은 TMC가 새로운 바이오 생태계를 조성하는 과정에서 한국의 바이오 기업들의 TMC 진출을 돕기 위한 플랫폼을 만들기 위해 정영호 총영사가 TMC 회장을 만나 성사시켰다. 한미 바이오 포럼 브로슈어를 소개한다.

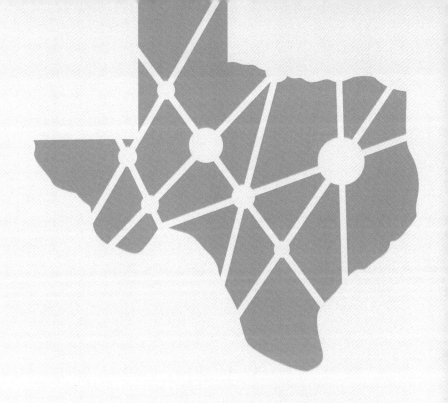

제3부

텍사스의
제조업 르네상스

텍사스의 제조업 부활

배경과 원인

최근 텍사스는 미국 제조업의 핵심 허브로 자리 잡으며 '제조업 르네상스'라 불리는 부흥기를 맞이하고 있다. 특히 반도체, 전기차, 배터리, 우주 항공, 신재생에너지 등 첨단 제조업 중심으로 활발한 투자가 이루어지고 있다. 그렇다면 텍사스의 제조업 부활이 이루어진 배경과 그 원인은 무엇일까?

미국 제조업 회귀Reshoring 정책과 텍사스의 수혜

❶ 제조업 부흥의 주요 정책: 미국은 지난 수십 년간 해외(특히 중국과 동남아)로 이전된 제조업을 다시 본토로 불러들이는 '리쇼어링 Reshoring'정책을 적극적으로 추진하고 있다. 이런 목적을 위해 제정된 가장 대표적인 정책이 2022년에 제정된 '반도체 지원법CHIPS and Science Act'이다. 이 법으로 미국 정부는 미국 내 반도체 생산을 장려

하기 위해 527억 달러의 보조금을 지급하며, 텍사스는 삼성전자 및 여러 반도체 기업들의 투자 유치로 큰 수혜를 받고 있다. 다른 하나는 '인플레이션 감축법IRA'이다, 이 법도 2022년에 제정되었는데, 미국 내 전기차와 배터리 생산을 촉진하기 위한 세금 혜택과 보조금 지급을 포함하고 있다. 이로 인해 텍사스는 전기차와 배터리 제조업의 핵심 지역으로 부상했다. 마지막으로 국방 및 항공 우주 산업 강화 정책을 들 수 있다. 록히드 마운틴, 보잉 등 기존의 항공산업을 중심으로 한 방산 산업의 집중 육성과 우주 개발을 추진하는 스페이스X와 블루 오리진 등 항공 우주 기업들이 텍사스에 집중적으로 투자하는 배경을 들 수 있다.

❸ 공급망 리스크 완화: 코로나19 팬데믹 이후 글로벌 공급망이 불안정해지면서 미국 기업들은 안정적인 공급망을 확보하기 위해 제조업 기지를 국내로 이전하려는 움직임을 보여 왔다. 이런 상황에서 텍사스는 지리적 이점과 물류 시스템이 강점으로 작용하여 주요 제조업 거점으로 떠오르게 되었다.

텍사스의 경제적·정책적 장점
❶ 기업 친화적인 세금 및 규제 환경: 텍사스는 기업들이 제조업

시설을 설립하고 운영하는 데 최적화된 환경을 제공한다. 가장 큰 장점은 법인세 감면이다. 미국 내 다른 주들과 달리 텍사스는 법인세Corporate Income Tax가 없어 기업들이 세금 부담을 줄일 수 있다. 두 번째 장점은 세금 감면 정책이다. 텍사스는 강력한 세제 혜택을 공여하는데, 이는 제조업 투자 유치를 위한 세금 감면 정책(예: Chapter 313 세금 감면 프로그램)으로 투자하는 기업에 상당한 인센티브를 제공한다. 마지막으로 노동조합에 대한 부담이 적다는 장점이다. 텍사스는 'Right-to-Work' 주로, 노동조합 가입이 의무가 아니어서 기업들이 유연하게 인력을 운영할 수 있다. 기업 입장에서 노동조합 부담이 적은 것은 기업의 생산성 향상에 매우 큰 도움이 된다.

❷ 저렴한 부동산 및 에너지 비용: 텍사스는 미국 본토에서 가장 큰 주다. 텍사스는 남한에 비해 약 7배 정도 크다. 캘리포니아나 뉴욕에 비해 넓은 토지와 상대적으로 낮은 부동산 비용을 제공하는 강점을 지니고 있다. 또한 텍사스는 미국에서 에너지 자원이 가장 풍부한 곳이다. 텍사스는 미국 최대의 에너지 생산 주로, 전력 공급이 안정적이며, 비용도 저렴하다. 특히 풍력 및 태양광 발전이 활발하여 친환경 제조업을 운영하는 데 유리한 이점을 갖고 있다.

제조업 중심지로서의 전략적 입지

❶ **물류 및 공급망 인프라:** 텍사스는 미국 내 주요 물류 허브 중 하나로, 제조업 기업들에게 유리한 공급망을 제공한다. 멕시코 국경과 인접해 멕시코의 저렴한 노동력을 활용한 '니어쇼어링Nearshoring' 전략이 가능하다. 아메리카 만(구 멕시코 만)에 인접한 대형 항만을 보유해 휴스턴 항구는 미국 내 최대 수출항 중 하나로, 남미와 유럽 등 글로벌 무역에 유리한 조건을 갖추고 있다. 또한 철도 및 고속도로 인프라가 잘 갖춰져 미국 내 주요 도시와 연결되는 강력한 물류 시스템을 보유하고 있다.

❷ **북미 및 중남미 시장 진출 교두보:** 텍사스는 단순히 미국 내 제조업 허브를 넘어 북미와 중남미 시장을 동시에 공략할 수 있는 전략적 위치에 있다. NAFTA 후속 협정(USMCA) 혜택으로 멕시코 및 캐나다와 자유무역 협정을 체결하여 관세 절감 및 무역 활성화가 가능하다. 그리고 중남미 시장 접근성이 매우 탁월하다. 텍사스는 지리적으로 중남미와 가까워, 향후 중남미 경제 성장의 수혜를 받을 가능성이 매우 크다.

◆ USMCA: '미국-멕시코-캐나다 협정(USMCA, US-Mexico-Canada Agreement)을 뜻하는 NAFTA(북미자유무역협정)의 새 이름이다. 미국-멕시코-캐나다 협정은 2018년 11월 30일에 서명된 세 나라 간의 자유 무역 협정이다. USMCA는 2020년 7월 1일부터 북미 자유 무역 협정(NAFTA)을 대체하며, NAFTA는 1994년 1월부터 시행되었다. 이 협정은 규제 시스템의 조화, 전자상거래 및 지적 재산 보호와 같은 최근 및 새로운 주요 무역 문제를 다루는 현대화된 자유 무역 시스템을 세 당사자 간에 구축한다.

주요 산업별 제조업 성장 원인

텍사스는 최근 미국 제조업의 중심지로 부상하며 다양한 첨단 산업이 빠르게 성장하고 있다. 특히 반도체, 에너지, 전기차, 배터리, 항공 우주, 바이오테크, IT & AI 등의 산업이 텍사스 제조업 부활의 핵심 동력으로 작용하고 있다.

❶ 반도체 산업 성장: 텍사스는 반도체 허브로 부상하고 있다. 텍사스는 반도체 제조 및 연구 개발 인프라가 잘 갖춰진 지역으로, 삼성전자, 텍사스 인스트루먼트(TI), NXP, 글로벌파운드리GlobalFound-ries 등 주요 반도체 기업들이 대규모 투자를 진행하고 있다. 주요 투자 및 프로젝트를 살펴보면, 삼성전자는 2021년 텍사스 테일러Taylor에 170억 달러 규모의 반도체 공장 건설을 시작해서 2026년 가

동 예정을 앞두고 있다. 삼성전자는 향후 250억 달러 이상 추가 투자 가능성 검토 중이다. 미국의 텍사스 인스트루먼트(TI)는 300억 달러 규모의 새로운 반도체 제조 시설을 리처드슨Richardson 과 셔먼Sherman에 구축 중이다. NXP, 글로벌파운드리 역시 기존 오스틴 공장 확장 및 신규 반도체 공장 설립을 추진 중에 있다. 텍사스가 미국의 반도체 허브로 성장한 주요 요인은 물론 미국의 CHIPS and Science Act(반도체법) 시행으로 반도체 생산에 대한 정부 보조금 지원과 글로벌 공급망 위기로 인해 미국 내 반도체 생산 확대 필요성이 증가 등을 들 수 있다. 게다가 AI, 자율주행, 5G 등 차세대 산업 성장으로 반도체 수요가 급증하고 있다는 점이다.

삼성전자 오스틴 공장

❷ 에너지 산업(신재생에너지 및 석유·가스): 텍사스는 글로벌 차원에서 에너지 강국의 지위를 확보하고 있다. 텍사스는 미국 내 최대 에너지 생산 주State로, 기존 석유·가스 산업과 더불어 신재생에너지(풍력·태양광) 분야에서도 빠르게 성장하고 있다. 이와 관련한 주요 투자 및 프로젝트를 살펴보면, 텍사스는 미국 내 풍력 발전량 1위(전체 풍력 발전량의 28%)로 대규모 풍력 발전단지가 서부 및 해안 지역에서 지속적으로 확장 중에 있다. 태양광 발전의 경우, 텍사스는 2025년까지 캘리포니아를 제치고 미국 최대 태양광 발전 주로 등극이 예상되고 있다.

미래 신재생에너지 산업에 있어서 중요한 수소 에너지는 BP, 엑슨모빌 등이 텍사스에서 대규모 그린·블루 수소 프로젝트를 추진하고 있으며, 천연가스 및 석유 산업은 미국 내 셰일가스 생산의 중심지로서, LNG 수출 증가에 따라 생산량을 지속적으로 확대 중이다. 텍사스 에너지 산업의 성장 요인은 무엇보다도 미국 정부(바이든)의 친환경 정책 및 탄소중립 목표로 인해 신재생에너지 투자 확대와 풍부한 천연가스 자원을 바탕으로 전력 생산 및 글로벌 LNG 수출 증가와 기업들의 ESGEnvironmental, Social, Governance 경영 강화로 신재생에너지 수요 증가가 점증하고 있다는 사실을 들 수 있다.

미국 최대 석유화학단지 휴스턴　　　　미국 태양광 에너지 1위 텍사스

❸ 전기차(EV) 및 배터리 산업: 텍사스는 전기차 및 배터리 산업 허브화로의 성장이 지속적으로 이뤄지고 있다. 전기차 제조업체와 배터리 생산 기업들이 텍사스에 대규모 투자를 진행하며, 이 지역이 북미 전기차 공급망의 핵심 거점으로 떠오르고 있다. 주요 투자 및 프로젝트를 살펴보면, 테슬라(Tesla)가 오스틴에 대규모 '기가팩토리 텍사스Giga Texas'건설 및 생산 시설을 확대하고, 모델 Y, 사이버트럭Cybertruck 등을 생산하고 있다.

이런 추세에 발맞춰 LG에너지솔루션, SK온, 삼성SDI 등 한국 기업들이 텍사스를 포함한 미국 내 배터리 공장 건설을 계획하고 있다. 일본의 토요타(Toyota)는 텍사스 샌안토니오 공장에서 하이브리드 차량 생산 확대에 주력하고 있다. 텍사스에서 전기차 및 배터리 산업이 성장하는 주요 요인으로는, IRA(인플레이션 감축법)으로 인해 미국 내 전기차 및 배터리 생산 기업에 세금 혜택 제공, 미국 내 전기차 보급 확대 및 전기차 충전 인프라 확충 그리고 배터리 원자재 공급망 확보 필요성 증가로 인해 미국 내 배터리 생산 역량 강화 등을 들 수 있다.

토요타 샌안토니오 자동차 공장

❹ 항공우주(Aerospace) 및 방위산업: 텍사스가 우주 산업 중심지로 부상하고 있다. 텍사스는 NASA의 존슨우주센터가 위치한 곳으로, 민간 우주 기업 및 방산 기업들의 연구개발R&D 및 제조 거점

으로 성장하고 있다. 특히 존슨우주센터는 미국의 달과 화성 탐사를 목적으로 한 아르테미스 프로젝트를 총괄 운영하는 곳이라 미래 우주 개발 및 산업의 중심지로 부상했다. 현재 텍사스의 우주산업 관련한 주요 투자 및 프로젝트로 스페이스XSpaceX가 텍사스 보카치카Boca Chica에 '스타베이스Starbase'를 건설하고, 스타십Starship 개발을 진행 중이다.

블루 오리진Blue Origin도 오스틴 및 서부 텍사스 지역에 우주 개발 시설을 운영하고 있다. 록히드 마틴Lockheed Martin은 텍사스에서 차세대 항공기 및 방산 장비 제조를 지속적으로 확대하고 있다. 텍사스에서 항공우주 및 방위산업이 성장하는 주요 요인으로 미국 정부의 우주 개발 예산 증가 및 민간 우주 산업 성장, 차세대 국방 및 항공 기술 개발(드론, 극초음속 미사일, 스텔스 전투기 등)과 NASA 및 민간 기업 협력 확대 등을 들 수 있다.

휴스턴 NASA Space Center

휴스턴 Texas Medical Center

❺ 바이오테크(Biotech) & 헬스 케어 성장 가속화: 텍사스는 의료 및 생명과학 분야에서 강점을 지닌 지역으로, 미국 최대 의료·바이오 유통 지역이다. 또한 최근에는 바이오테크 스타트업과 글로벌 제약사들의 투자가 증가하고 있다. 텍사스의 바이오테크 산업은 휴스턴의 세계 최대 의료 복합단지 TMC를 중심으로 바이오 연구 및 신약 개발 사업이 활발하게 추진되고 있다. TMC는 이미 수년 전에 이노베이션 팩토리Innovation Factory와 헬릭스 파크Helix Park를 오픈해 존슨앤존슨, 모더나, 화이자, 바이오젠 등 제약사들의 생산 시설 확대 기반을 조성했으며, 줄기세포, 유전자 치료 등 첨단 의료 기술 R&D 투자가 지속적으로 증가하고 있다.

텍사스에서 보스턴과 샌프란스코의 뒤를 이어 바이오테크 및 헬스 케어 산업의 성장을 가속화할 수 있는 것은 미국 내 바이오테크 연구 개발 투자 확대, MD 앤더슨 병원을 중심으로 한 첨단 의료 기술 발전 및 개인 맞춤형 치료 증가 그리고 팬데믹 이후 백신 및 치료제 생산 역량 강화 등의 성장 요인이 크게 작용했기 때문이다. 한편, 주휴스턴 총영사관(총영사 정영호)은 TMC와 공동으로 지난 6월 12일, 13일 양일간 TMC에서 한국 바이오 테크 기업들의 휴스턴 진출을 돕기 위해 '2025 한미 바이오 포럼'을 성공적으로 개최했다.

❻ IT & AI(정보기술 및 인공지능): 텍사스가 IT 및 AI 허브로 성장하고 있다. 실리콘밸리 기업들이 텍사스로 이전하거나 확장하면서 IT 및 AI 산업이 빠르게 성장하고 있기 때문이다. 현재 텍사스의 주요 투자 및 프로젝트를 소개하면, 델 테크놀로지스Dell Technologies 본사가 텍사스 라운드록Round Rock에 위치해 있으며, 오라클Oracle 이 본사를 오스틴으로 이전해 투자를 지속적으로 확산하고 있다. 또한 구글, 아마존, 마이크로소프트의 데이터센터 및 AI 연구소 확장과 애플의 데이터센터 건설 투자 등 미국 IT 산업을 주도하는 영향력 있는 회사들의 투자가 계속 이뤄지고 있다. 이처럼 텍사스에서 IT 및 AI 산업이 성장할 수 있는 것은 AI, 빅데이터, 클라우드 컴퓨팅 산업 확장, 기업들의 디지털 전환 가속화 그리고 텍사스의 저렴한 운영비와 인재 확보 용이성 등의 요인을 들 수 있다.

◆ 텍사스의 제조업 부활은 미국 정부의 제조업 육성 정책, 기업 친화적인 환경, 전략적 물류 거점 그리고 첨단 산업의 성장이라는 여러 요인들이 결합하여 이루어진 결과라 할 수 있다. 특히 텍사스는 반도체, 에너지, 전기차, 배터리, 항공우주, 바이오테크, IT & AI 등 다양한 첨단 산업이 빠르게 성장하며 미국 제조업 르네상스의 중심지로 자리 잡고 있다. 향후 텍사스가 미국 제조업의 핵심 허브로 자리 잡을 가능성이 더욱 높은 만큼, 텍사스는 글로벌 시장에서 경쟁력을 갖추려는 한국 기업들에게 큰 기회가 될 것이다. 한국 기업들도 이러한 산업 변화에 맞춰 적극적으로 텍사스 진출을 검토해야 할 시점이다.

Oracle 오스틴 본사   Dell 라운드락록 본사

글로벌 제조업 중심지로 떠오른 텍사스

텍사스는 최근 글로벌 제조업 중심지로 부상하면서 많은 대기업이 대규모 투자를 단행하고 있으며, 다른 주와 차별화된 강점을 바탕으로 제조업과 기술 혁신이 융합되는 생태계를 구축하고 있다. 아래에서 각 분야를 상세히 설명하겠다.

대기업의 대규모 투자 사례

텍사스는 삼성, 테슬라, GM과 같은 글로벌 기업이 대규모 투자를 진행하면서 첨단 제조업의 핵심 허브로 자리 잡고 있다.

❶ 삼성전자- 반도체 생산 거점 확대

삼성전자는 약 170억 달러를 투자해 텍사스 테일러시에 최첨단 반도체 공장을 건설 중이다. 삼성전자 테일러 팹은 2026년에 정상 가동할 예정이다. 삼성전자는 미국 정부의 반도체 공급망 강화와 미국 내 생산 역량 확대를 위해 바이든 정부의 반도체 지원 정책 CHIPS Act을 적극 활용하고, 텍사스 주정부의 파격적인 지원을 받아 반도체 생산 거점 확보에 적극 투자했다. 현재 테일러 팹이 완공되면 약 2,000개 이상의 고급 일자리 창출, 공급망 안정화, 미국 내 반도체 생산 역량 확대에 긍정적 영향을 끼칠 것으로 보인다. 2026년 테일러 팹이 정상 가동되면, 이후 삼성은 최대 250억 달러 규모로 추가 투자를 검토 중이며, 향후 2~3개 이상의 반도체 팹Fab 건설이 예상된다.

현재 건설 중인 삼성전자 테일러 팹

❷ 테슬라- 기가팩토리Gigafactory 텍사스

테슬라는 2021년 오스틴에 약 11억 달러를 투자해 새로운 기가팩토리를 설립했다. 테슬라는 텍사스의 규제 친화적인 환경, 낮은 세금과 향후 전기차 시장 성장 가능성 예상하고 텍사스에 투자했다. 현재 기가팩토리에서 생산하는 모델은 전기 픽업트럭, 사이버트럭, 모델 Y, 모델 3 등의 전기차 등이다. 테슬라는 전기차 생산 관련 에너지 저장 배터리 및 AI 관련 연구 개발 허브를 구축하면서 오스틴이 글로벌 전기차 및 AI 기술 연구 중심지로 부상했다.

테슬라 텍사스 기가팩토리

❸ GM & 도요타 - 자동차 제조업의 성장

미국의 전통적인 자동차 생산 기지는 디트로이트이다. 그러나 최근 수년간 미국의 메이저 자동차 업체들이 텍사스에 새로운 공장 건설 투자를 진행해 오고 있다. 대표적으로 GM(제너럴 모터스)은 텍사스 알링턴Arlington 공장에서 5억 달러 이상 투자해 SUV(캐딜락 에스컬레이드, 쉐보레 서버번) 생산을 증대하고, 향후 전기차(EV) 생산 시설 전환을 검토하고 있다. 한편, 도요타Toyota 는 텍사스 샌안토니오San Antonio 공장에서 하이브리드 트럭 생산을 확대하고 있다. 텍사스는 미국 내 자동차 제조 허브로서 입지를 더욱 강화하고 있다.

GM 텍사스 알링턴 공장

이처럼 텍사스는 반도체, 전기차, 전통 자동차 제조업에서 대기업들의 대규모 투자가 활발히 이루어지는 핵심 지역으로 자리 잡았다.

미국 내 다른 주와 비교했을 때의 차별점

텍사스가 제조업 중심지로 급부상한 이유는 낮은 비용, 유리한 정책, 인프라 덕분이다. 다른 주요 제조업 주(캘리포니아, 미시간, 오하이오 등)와 비교하면 다음과 같은 차별점이 있다.

❶ 기업 친화적인 정책 & 세제 혜택: 텍사스는 주(州) 법인세가 없으며, 다른 주 대비 세금 부담이 적다. 그리고 친기업적 규제 완화를 추진해 캘리포니아 대비 환경 및 노동 규제가 덜 엄격해 제조업 운영이 매우 용이하다. 또한 텍사스는 보조금 지급에 적극적이어서 삼성, 테슬라 등 대기업에 대한 세금 감면 및 인센티브 제공이 매우 좋다.

❷ 풍부한 토지 & 저렴한 운영 비용: 텍사스는 부동산 비용 저렴해 캘리포니아 대비 공장 건설 비용 및 운영비 절감 효과가 크다. 그리고 전력 공급이 안정적이어서 자체 전력망(ERCOT) 운영으로 에너지 비용 절감 및 안정적 공급이 가능하다.

❸ 물류 및 공급망의 이점: 텍사스는 미국 중앙부에 위치해 동·서부 물류 운송이 용이하며, 항만 및 도로망이 잘 발달되어 있으며, 특히 휴스턴 항만은 미국 최대 항만 중 하나로, 국제 무역 및 수출입이 매우 편리하다. 철도 및 고속도로 인프라 역시 매우 잘 조성되어 있어 멕시코-미국 무역 중심지 역할을 매우 효율적으로 수행하고 있다.

❹ 인재 풀 & 교육 시스템: 대학 및 연구 기관이 매우 효율적으로 운영되고 있다. 특히 텍사스 대학교UT Austin, 텍사스 A&M, 텍사스테크대학교Texas Tech University 등에서 공학, AI, 반도체 인재 배출이 활발하게 이뤄지고 있으며, 고숙련 엔지니어부터 블루칼라 노동력까지 공급이 매우 원활하다. 이러한 차별화된 강점 덕분에 텍사스는 제조업 대기업이 선호하는 투자처로 자리 잡았다.

제조업과 기술 혁신의 융합

텍사스의 제조업 성장에는 AI, 로봇, 자동화, 반도체 등 첨단 기술과의 융합이 큰 역할을 하고 있다.

❶ **스마트 팩토리 & 자동화 기술**: 삼성전자 반도체 공장에 AI 기반 생산 공정 자동화 및 로봇이 적극 활용되고 있으며, 테슬라는 오스틴 기가팩토리에서 자율 주행 AI 연구 및 로봇 생산 자동화를 성공적으로 적용하고 있다. GM & 도요타 역시 AI 기반 품질 관리 및 스마트 제조 기술을 도입해 자동차 생산에 효율적으로 활용하고 있다.

❷ **AI 및 반도체 기술 발전**: 텍사스는 반도체 설계 및 AI 연구 중심지로 성장 중에 있는데, 특히 엔비디아NVIDIA, AMD 등 AI 반도체 연구 개발을 적극 확대하고 있으며, 삼성 및 글로벌 반도체 기업의 연구소 설립이 활발하게 추진되었다. 뿐만 아니라 테슬라의 자율 주행 및 로봇 기술 활성화로 오스틴, 휴스턴에서 AI 기반 자율 주행 트럭 및 로봇 물류 테스트 진행이 성공적으로 이뤄지고 있다.

❸ **에너지 & 친환경 제조 혁신**: 태양광 및 풍력 에너지를 활용한 친환경 공장 운영과 전기차 배터리 리사이클링 및 친환경 소재 연구 활성화로 텍사스의 기업들의 혁신이 지속적으로 추진되고 있다.

◆ 텍사스는 대기업의 대규모 투자, 기업 친화적 환경, 첨단 기술과 제조업의 융합을 통해 미국 내 제조업 중심지로 빠르게 성장하고 있다. 특히, 반도체·전기차·스마트 제조업 분야에서 한국 기업이 진출할 수 있는 기회가 많으며, 향후 지속적인 성장이 기대된다. 이러한 흐름 속에서 한국 기업이 텍사스로 진출할 경우, 반도체 및 배터리 공급망 강화, 기술 협력 확대 그리고 글로벌 시장 점유율 증대 등의 이점을 누릴 수 있을 것이다.

텍사스의 비즈니스 환경 분석

텍사스는 기업 친화적인 환경을 갖춘 주로, 법인세 면제, 다양한 세금 인센티브, 적극적인 정부 지원, 풍부한 노동력 등의 요인을 통해 제조업과 첨단 기술 산업의 중심지로 성장하고 있다. 아래에서 세 가지 주요 주제를 중심으로 설명하겠다.

법인세 및 세금 인센티브 구조

❶ 텍사스의 법인세 제로 정책: 텍사스는 미국 내에서 주State 법인세를 부과하지 않는 몇 안 되는 지역 중 하나로, 기업이 수익을 재투자하기에 유리한 환경을 제공한다. 법인세가 제로인 대신에 텍사스는 프랜차이즈세Franchise Tax를 부가한다. 이것은 법인세 대신 총수익Revenue 기준으로 일정 비율을 부과하는 방식으로 매출 220만 달러 이하 기업은 면제되며, 매출이 많더라도 세율(0.375~0.75%)이 낮아 부담이 적다.

❷ 세금 감면 및 인센티브: 텍사스는 대기업뿐만 아니라 중소기업과 스타트업에도 다양한 세제 혜택을 제공한다. 주요 내용을 살펴보자.

ⓐ CHAPTER 313 프로그램(세금 감면, 2022년 종료, 대체 프로그램 논의 중)

대규모 제조 시설을 짓는 기업에 대해 재산세(Property Tax) 감면 혜택을 제공하는 법으로, 삼성, 테슬라, GM 등의 대기업이 이 혜택을 적극 활용했다.

ⓑ TIRZ(Tax Increment Reinvestment Zones, 세금 재투자 지역구)

특정 지역 내 투자 기업이 부동산세 감면 혜택을 받을 수 있는 프로그램으로, 주로 제조업, 물류, 기술 기업이 대상이다.

ⓒ R&D 세액 공제(Research & Development Tax Credit)

연구 개발에 투자하는 기업에 대해 세금 공제 또는 면제 혜택을 제공하는 프로그램으로 반도체, AI, 바이오테크 기업들이 적극 활용하고 있다.

ⓓ 재생 에너지 관련 세금 혜택

텍사스는 풍력·태양광 발전 1위 주(州)로, 친환경 제조 기업에 대한 재산세 면제 및 투자 세액 공제를 제공하고 있다.

주 정부와 지역 정부의 지원 정책

텍사스 정부와 각 지역 정부는 대규모 투자를 유치하기 위해 적극적인 지원책을 운영하고 있다. 핵심 정책들은 다음과 같다.

1] 주 정부 차원의 지원 정책

❶ **텍사스 기업기금**(TEF, Texas Enterprise Fund)

2003년부터 운영 중인 최대 1,000만 달러 규모의 직접 보조금 지원 프로그램으로 삼성, 테슬라, 애플, 델 등이 이 기금을 활용해 텍사스에 투자했으며, 주요 조건은 고용 창출, 지역 경제 기여도, 투자 규모 등이다.

❷ **스마트 제조 이니셔티브**

AI·로봇·자동화 기반 제조업 혁신을 위한 연구 및 기업 지원 정책으로 주요 대상은 반도체, 전기차, 항공우주, 바이오테크 관련 기업이다.

❸ **에너지 비용 절감 지원**

텍사스는 자체 전력망(ERCOT) 운영으로, 에너지 비용이 상대적으로 저렴하다. 공장 운영 비용 절감을 위해 특정 산업군에 전력 사용료 감면 제공 혜택을 부여하고 있다.

2) 지역 정부 차원의 지원 정책

텍사스 주요 도시별로 차별화된 경제 지원책이 운영되고 있다.

❶ 오스틴

오스틴은 테크·스타트업 허브 도시로 테크 스타트업들에게 보조금을 제공한다(AI, 소프트웨어, 반도체 관련 기업 대상). 그리고 오스틴 소재 대학UT Austin 및 연구소와 협력해 기술 이전 및 인재 공급에 협력하고 있다.

❷ 댈러스

댈러스는 물류·제조 중심지로, 공장 및 물류센터 구축 시 인프라 지원 정책을 제공한다(도로, 수도, 전력). 그리고 항공·자동차·의료 제조 기업에 추가 세금 감면도 해 준다.

❸ 휴스턴

휴스턴은 세계 에너지 및 의료·바이오 혁신 중심 도시로, 의료·바이오 기업에 대한 초기 투자 지원 프로그램을 운영하고 있으며, 에너지 기업을 대상으로 재생에너지 연구 지원금 등을 제공한다.

❹ 샌안토니오

샌안토니오는 자동차·국방 산업 집중 육성을 통해 도시 발전을 추진하면서 GM, 토요타 등 자동차 제조업체에 부지 제공 및 세금 혜택을 제공했으며, 최근에는 군사 및 국방 관련 기업과 협력하는 기업을 대상우로 정부 계약 지원을 돕고 있다.

노동력 및 인재 확보 전략

텍사스는 숙련된 엔지니어, 블루칼라 노동자, 연구 개발 인력이 풍부하며, 이를 뒷받침하는 교육 및 지원 프로그램이 활발히 운영되고 있다.

1) 숙련 노동력 및 제조업 인력

❶ 제조업 전문 인력 공급

삼성, 테슬라, GM 등 대기업이 텍사스 내 기술교육 센터 및 훈련 프로그램을 운영하고 있으며, 텍사스 A&M, UT Austin, Texas Tech 등 대학과 연계한 제조업 교육 과정 활성화 전략을 체계적으로 추진하고 있다.

❷ 블루칼라 노동력 확보

텍사스는 타주에 비해 최저 임금이 낮고(7.25달러), 노조 조직률이 낮아(4.1%) 기업 운영이 유연하다. 그리고 멕시코 및 인근 주에서 노동력 유입이 가능해 낮은 인건비로 대규모 생산이 가능하다.

2) 연구 개발(R&D) 및 기술 인재

❶ 반도체 & AI 인재 육성

UT Austin은 반도체 연구소를 중심으로 삼성과 협력해 반도체 설계 및 제조 전문 인력 양성에 크게 기여하고 있다. 그리고 AI & 머신러닝 연구센터 활성화를 통해 엔비디아, AMD 등의 AI 인재 채용에 크게 기여하고 있다.

❷ 전기차 및 배터리 전문가

테슬라 & UT Austin, Texas A&M 등 텍사스 대학 협력으로 전기차, 배터리, 친환경 에너지 전문가 육성에 전력하고 있다.

❸ 이민자 인재 유치 정책

텍사스는 멕시코 및 해외 기술 인력을 적극 유치하며, STEM(과학·기술·공학·수학) 분야 인재가 풍부하다. 그리고 비자 지원 프로그램 운영으로 H-1B, EB-5 투자이민 등 다양한 활용 방법들을 운영하고 있다.

◆ 텍사스의 비즈니스 환경은 기업 친화적이며, 제조업 및 첨단 산업에 최적화된 투자처이다. 법인세 면제 및 세금 감면 혜택으로 기업 운영 비용 절감 가능, 주 및 지역 정부의 적극적인 지원 정책으로 대기업뿐만 아니라 중소기업, 스타트업도 성장이 가능하다. 또한 텍사스는 숙련 노동력 & 연구 개발 인재 풀 확보로 글로벌 경쟁력을 강화할 수 있는 강점을 지니고 있다. 결론적으로, 텍사스는 한국 기업이 반도체, 전기차, AI, 배터리, 바이오테크, 스마트 제조업 분야에서 성공적으로 진출할 수 있는 최고의 기회를 제공하는 지역이다.

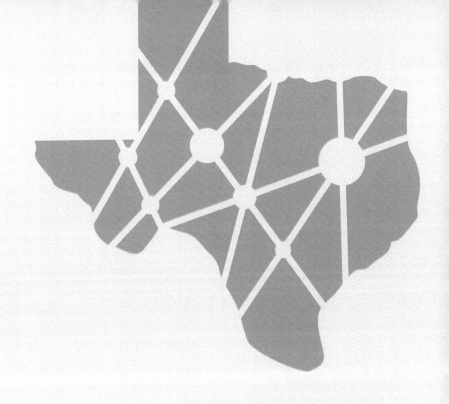

제4부

한국 기업의
텍사스 진출 필요성과 전략

한국 기업이 텍사스를
주목해야 하는 이유

한국 기업이 텍사스를 주목해야 하는 이유는 글로벌 경제 환경의 변화와 미국의 산업 정책에 따른 기회 요인을 고려할 때 매우 분명하다. 그 이유를 공급망 재편과 미국 내 생산기지 확대, 미·중 무역 분쟁과 글로벌 리스크 관리 그리고 한국 기업이 강점을 가질 수 있는 산업이라는 세 가지 핵심 요소를 중심으로 살펴보겠다.

공급망 재편과 미국 내 생산기지 확대 필요성
❶ 미국 중심의 제조업 부활과 리쇼어링(Reshoring) 정책

미국은 제조업을 다시 부흥시키기 위해 리쇼어링Reshoring 및 니어쇼어링Nearshoring 정책을 적극 추진하고 있다. 바이든 행정부의 '메이드 인 아메리카Made in America' 정책, 인플레이션 감축법IRA, 반도체법

Chips Act 등을 통해 자국 내 제조 시설 구축을 지원하고, 해외 기업에도 적극적인 인센티브를 제공하고 있다. 특히 트럼프 2기 행정부 출범 이후엔 'MAGAMake America Great Again' 슬로건 아래 트럼프 대통령의 미국 제조업 부활을 위해 외국 기업의 미국 진출을 적극적으로 유인하고 있다.

❷ 텍사스의 제조업 인프라 강점

텍사스는 미국 내에서도 제조업 기지로서 최적의 조건을 갖춘 지역이다. 텍사스는 법인세가 없고, 상대적으로 친기업적인 정책을 유지하고 있으며, 풍부한 에너지 자원으로 전력 공급이 안정적이며, 전기료가 저렴하다. 물류 및 수출입 경쟁력도 멕시코와 인접하여 북미·남미 시장 접근이 쉬우며, 휴스턴 항만과 댈러스-포스워스 공항(DFW) 등 물류 인프라가 매우 우수하다. 그뿐만 아니라 숙련 노동력 확보가 타주보다 매우 높은 가능성을 유지하고 있어 반도체, 자동차, 배터리 등 제조업 인력이 증가하는 추세에 있다. 이러한 요인으로 인해 삼성전자, SK, LG 등의 한국 기업이 텍사스에 반도체, 배터리, 자동차 부품, 전력망 공급 등의 생산기지 확대를 고려하거나 이미 진출하고 있으며, 휴스턴, 오스틴, 샌안토니오를 중심으로 자동차 부품 회사들이 진출해 활발하게 활동하고 있다.

미·중 무역 분쟁과 글로벌 리스크 관리

❶ 미·중 갈등 심화와 중국 의존도 탈피

미국과 중국 간 기술 패권 경쟁이 심화되면서 미국 정부는 중국산 제품과 기술에 대한 규제를 강화하고 있다. 특히 반도체, 배터리, AI, 5G 등 첨단 기술 산업에서 중국과의 협력을 줄이고, 미국및 동맹국 중심의 공급망을 구축하려는 움직임이 뚜렷하다.

❷ 디커플링 Decoupling**과 프렌드쇼어링**Friendshoring

디커플링이란 중국에 대한 경제적 의존도를 줄이는 전략이며, 프렌드쇼어링은 미국이 신뢰할 수 있는 동맹국(한국, 일본, 유럽 등)과 공급망을 강화하는 정책이다. 한국 기업이 텍사스에 생산 시설을 구축하면 미국의 '프렌드쇼어링' 전략에 부합하여 안정적인 거래 관계를 유지할 수 있다. 또한, 중국 리스크를 줄이면서 북미 시장을 직접 공략하는 것이 가능해진다.

❸ 멕시코와의 연계 생산 전략

텍사스는 멕시코와 국경을 접하고 있어 미국-멕시코-캐나다 협정(USMCA)의 혜택을 활용할 수 있다. 자동차 및 전자 부품 제조 공정을 텍사스(고부가가치 제품)와 멕시코(조립 및 중간재 생산)로 분업하여 효율적인 생산이 가능한 시스템을 구축할 수 있다. 인건비 절감을 위해 멕시코의 저렴한 노동력을 활용하면서도 최종 조립 및 판매는 미국 내에서 진행하여 관세 혜택을 받을 수 있다. 즉, 한국 기업이 텍사스를 거점으로 삼으면 미국과 중남이 시장 접근성과 글로벌 리스크 관리 측면에서 유리한 위치를 확보할 수 있다.

❹ 한국 기업이 강점을 가질 수 있는 산업
　텍사스는 반도체, 배터리, 친환경 에너지, 자동차, 바이오 헬스 등 한국 기업이 경쟁력을 갖춘 산업에서 빠르게 성장하고 있다.

　　ⓐ 반도체 산업
　　삼성전자가 텍사스 오스틴과 테일러에 반도체 생산 공장(파운드리)을 운영 및 확장 중이며, 미국의 반도체법 지원을 받아 한국 반도체 기업의 현지 투자 증가가 예상되며, SK하이닉스, DB하이텍 등 다른 반도체 기업들도 후공정 및 테스트 공장 투자 가능성이 높은 것으로 알고 있다.

　　ⓑ 전기차와 배터리 산업
　　현대차가 조지아에 전기차 공장을 건설 중이며, 배터리 생산 및 부품 조달을 위해 텍사스에도 협력사 진출 가능성이 열려 있다. SK온, LG에너지솔루션, 삼성SDI 등 한국 배터리 기업들이 전기차 배터리 공급망을 확장 중이며, 리튬 등 배터리 원자재 확보를 위한 투자 기회도 존재하고 있다. 특히 테슬라 전기차 관련해 부품을 납품하는 중소업체들이 이미 휴스턴과 샌안토니오에 진출해 활발하게 사업을 펼치고 있다.

ⓒ 신재생에너지 및 수소 산업
텍사스는 풍력 및 태양광 에너지 생산이 활발한 지역으로, 한국 기업의 ESS(에너지 저장 시스템) 및 전력망 기술 적용이 가능하며, 수소 경제 활성화 정책에 따라, 한국의 수소차 및 연료전지 기술(현대차, 두산퓨얼셀 등)이 텍사스 시장에서 성장 가능성이 매우 높다.

ⓓ 디지털·AI·로봇 산업
텍사스는 실리콘밸리 못지않게 IT 및 AI 스타트업들이 성장하는 지역으로 삼성전자, 네이버, 카카오 등이 AI 및 데이터센터 관련 투자 고려가 가능하며 매우 성공적일 수 있다. 로

봇 및 자동화 솔루션을 활용한 제조 혁신 가능성 또한 매우 높다.

ⓔ 바이오테크 & 헬스 케어 산업

텍사스 휴스턴에는 세계 최대 의료 복합단지 TMCTexas Medical Center 가 있다. TMC는 의료 및 바이오 혁신을 적극 추진하고 있으며, 이미 수년 전에 바이오테크 혁신을 주도할 이노베이션 팩토리Innovation Factory와 헬릭스 파크Helix Park를 오픈해 바이오테크 산업을 적극 추진하고 있다. 이곳에 이미 존슨앤존슨, 모더나 등 미국 메이저 회사들이 진출해 있으며, 헬릭스 파크 오픈 당시 그렉 에봇Greg Abbott 텍사스 주지사는 향후 미국의 바이오테크 및 헬스 케어 산업은 보스턴, 샌프란시스코, 휴스턴의 트라이앵글 체제가 이끌 것이라고 강조하면서, 텍사스 주정부가 바이오테크 산업 성장을 주도할 것임을 분명하게 밝혔다. 이런 환경에서 한국의 바이오테크 기업들이 텍사스에 진출해 바이오테크 산업의 가능성을 열어 간다면 매우 긍정적인 결과를 얻을 것으로 판단된다.

Helix Park, TMC   TMC, Innovation Factory

◆ 한국 기업이 텍사스를 주목해야 하는 이유는 다음과 같다.
- 공급망 재편: 미국 내 제조 및 생산 기지 확보 필요성이 증가
- 미·중 무역 갈등 대응: 미국의 '프렌드쇼어링'정책에 맞춰 리스크 관리
- 한국 기업 강점 산업과 연계: 반도체, 배터리, 전기차, 신재생에너지, AI 산업, 바이오테크 산업
  등에서 경쟁력 확보

따라서 한국 기업들은 텍사스를 미국 시장과 남미 시장 진출의 전략적 거점으로 활용하면서
공급망을 다변화하고, 글로벌 경쟁력을 강화하는 방향으로 투자를 확대해야 한다.

텍사스 진출 전략
어디서부터 시작할 것인가?

한국 기업의 텍사스 진출 전략, 어디서부터 시작할 것인가?

텍사스는 기업 친화적인 환경, 강력한 제조업 및 기술 인프라 그리고 전략적 입지를 갖춘 지역으로, 한국 기업이 미국 시장에 안정적으로 자리 잡을 수 있는 최적의 장소 중 하나다. 그러나 성공적인 진출을 위해서는 법인 설립 및 투자 절차, 주요 경제특구 및 산업 클러스터 분석, 현지 파트너십과 네트워킹 전략을 철저히 준비해야 한다.

법인 설립 및 투자 절차

텍사스에서 법인을 설립하는 기본적인 절차는 다음과 같다.

⑴ 초기 진출 준비

❶ 진출 형태 결정

- 법인(Corporation, LLC) 설립

- 지점(Branch) 설치

- 사무소(Representative Office) 설치

- 일반적으로 투자 보호와 법적 책임 최소화를 위해 '법인 설립
(LLC 또는 Corporation)'을 선호한다.

❷ 법인 형태 선택

구분	LLC(Limited Liability Company)	Corporation (C-Corp, S-Corp)
책임범위	유한책임	유한책임
과세방식	소득에 대한 개인과세(Pass-through) 또는 법인과세 선택 가능	이중과세(법인세 + 배당세)
운영 유연성	비교적 유연함	규정과 절차 엄격
투자 유치	비교적 어렵지만 가능	투자자 선호 (특히 벤처캐피털)

텍사스에서는 통상 LLC 설립이 가장 일반적이다. 다만, IPO(상장)
나 벤처투자를 계획하면 Corporation이 필요할 수 있다.

(2) 텍사스 법인 설립 절차

❶ 회사 이름(Name) **결정 및 검색**

  텍사스 주정부 웹사이트에서 이름 중복 여부를 검색한다.

  'Texas Secretary of State'의 SOSDirect 시스템 사용

❷ Registered Agent 지정

  텍사스 내에 거주하는 개인 또는 회사가 필요한데, 이는 소송 서류나 공식 문서를 수령할 법적 대리인이다.

❸ 설립 서류(Articles of Formation) **작성 및 제출**

- 텍사스 Secretary of State에 제출
- 주요 내용: 회사명, Registered Agent 정보, 조직 형태(LLC, Corporation 등), 경영 구조(매니저 관리형, 회원 관리형 등)
- 수수료: 약 $300

❹ EIN(Employer Identification Number, 고유 사업자 번호) **발급**

- IRS(미국 국세청) 사이트를 통해 신청
- 미국 내 고용, 은행 계좌 개설, 세금 신고에 필수

❺ **운영협약서**(Operating Agreement) **작성**(LLC의 경우)

- 법적으로 필수는 아니지만, 반드시 작성 권장
- 회사의 운영 구조, 구성원 권한 등을 규정

❻ **은행 계좌 개설**

- 현지 법인명의 미국 은행 계좌
- EIN 필요
- Registered Agent 또는 현지 대표 필요할 수 있음

❼ **필요시 추가 등록**

- 현지 시, 카운티 사업 허가(Business License)
- 업종별 전문 라이선스(식품, 의료, 건설 등)

(3) 추가 점검 사항

❶ **사업자 등록세**(Texas Franchise Tax)

- 연간 매출이 일정 수준 이상이면 신고 의무
- 매출 $2,470,000(2025년 기준) 이하이면 통상 면제 또는 최소금
  액만 납부

❷ **Sales Tax Permit**(판매세 허가)

- 제품이나 서비스 판매 시, Sales Tax 부과 및 징수 필요
- 텍사스 Comptroller of Public Accounts에 신청

❸ 노동법 준수

- 고용계획이 있다면 노동법 준수 필요(예: E-Verify, OSHA 규정 등)

❹ 이민법 검토

- 현지 파견 주재원이 필요한 경우, 비자 검토(E-2 투자비자, L-1 파견 비자 등)
- 국내 이민법 및 미국 투자 전문 로펌 도움을 받는 것이 바람직함

❺ 보험 가입

- 사업자 보험(General Liability), 노동자 보험(Workers' Compensation) 가입 고려

(4) 시간 및 비용

항목	예상 기간	예상 비용
이름 검색 및 예약	1일	무료 또는 소액($40)
법인 설립(Articles 제출)	3-5일	$300
EIN 발급	당일	무료
Operating Agreement 작성	1-3일	법률 비용 $500-$2,000
은행 계좌 개설	1주 이내	무료(최소 예치금 필요)
추가 허가 및 등록	업종별 상이	업종별 상이

(5) 추천 체크리스트

- 사업 목적과 진출 전략 명확화
- 법인 형태 확정(LLC, C-Corp 등)
- Registered Agent 계약
- Articles of Formation 제출
- EIN 발급(고유 사업자 번호)
- 운영협약서 작성
- 미국 은행 계좌 개설
- 추가 허가 및 면허 취득
- 회계 및 세무 대리인(회계사, CPA) 선정

- 보험 가입

- 현지 마케팅 및 네트워킹 준비

◆ 텍사스에 법인을 설립하는 모든 준비는 변호사와 회계사(CPA)의 도움을 반드시 받아야 한다. 그리고 진출하고자 하는 도시에 따라 기준이 다를 수 있어 반드시 해당 도시 변호사와 회계사의 도움을 받는 것이 좋다.

⑹ 필수 면허 및 허가 취득

- 업종에 따라 사업 허가 및 면허 필요(예: 제조업, 전자상거래, 금융 서비스)

- 지역별 조례 및 환경 규제 검토

⑺ 사무실 및 생산 시설 확보

- 기존 산업 단지 입주 또는 신규 공장 건설 검토

- 텍사스 경제개발청(Texas Economic Development Corporation) 및 지역 경제기관 활용

주요 경제특구 및 산업 클러스터 분석

텍사스 내 다양한 경제특구 및 산업 클러스터를 활용하면 투자 효과를 극대화할 수 있다.

❶ 반도체 및 전자 산업- 오스틴(Austin)

- 삼성전자 반도체 공장이 위치한 지역으로, 글로벌 반도체 및 IT 기업들이 집중
- 반도체법(Chips Act)에 따른 미국 정부 지원 가능
- AI, 클라우드, 소프트웨어 관련 기업과 협업 기회 풍부

❷자동차 및 배터리 산업-댈러스-포트워스(Dallas-Fort Worth) **& 샌 안토니오**(San Antonio)

- 전기차 및 배터리 관련 기업 진출 유망
- 테슬라 기가팩토리가 위치한 오스틴 인근
- 현대차, SK온, LG에너지솔루션 등의 협력업체 유치 가능

❸ 전력공급망 지원- 오스틴(Austin) **& 테일러**(Taylor)

- 삼성 반도체 공장 안정적 전력 공급
- 테슬라 기가 팩토리 전력 공급 및 미국 기업들의 방대한 데이

터 센터 건설에 전력 공급 필수적 요인

- 최근 LS Electric의 오스틴 인근 배스트롭Bastrop에 삼성전자 테일러 팹에 안정적 전력 공급 공장 건설 성공적 진출

❹ 신재생에너지 및 수소 산업- 휴스턴(Houston)

- 풍력 및 태양광 발전 중심지이며, 에너지 저장 시스템(ESS) 및 전력망 관련 기술 투자 기회
- 수소 연료전지 기술 및 CCUS(탄소 포집·활용·저장) 산업 육성 중
- 현대차 및 두산퓨얼셀 등 한국 기업의 수소차·연료전지 사업과 연계 가능

❺ 제조 및 물류 산업- 엘파소(El Paso) & 멕시코 국경 지역

- 미국-멕시코-캐나다 협정(USMCA)의 혜택을 활용한 생산 기지 최적지
- 멕시코 마킬라도라(수출 전용 공장)와 연계한 저비용 고효율 생산 가능
- 한국 기업이 미국과 멕시코 시장을 동시에 공략할 수 있는 거점 지역

각 산업 클러스터를 활용하면 기업이 속한 업종에 따라 최적의 입지를 선정하고, 정부 지원 및 세금 혜택을 극대화할 수 있다.

현지 파트너십과 네트워킹 전략

성공적인 현지 정착을 위해서는 미국 내 비즈니스 네트워크 구축이 필수적이다. 한국 기업이 텍사스에서 성공적으로 사업을 확장하기 위해 활용할 수 있는 네트워킹 전략은 다음과 같다.

❶ 정부 및 경제 개발 기관 활용

- 텍사스 경제개발청(Texas Economic Development Corporation, TxEDC): 기업 투자 지원 및 인센티브 제공
- 현지 상공회의소(Chamber of Commerce): 지역 비즈니스 리더들과 네트워크 구축 가능
- 한국무역협회(KITA) 및 코트라(KOTRA) 댈러스 무역관: 한국 기업의 미국 시장 진출 지원

❷ 현지 기업 및 대학과 협력

- 반도체·AI 등 첨단 기술 관련하여 텍사스 대학 연구소(UT

Austin, Texas A&M) 및 스타트업과 협업

- 삼성, 현대차 등 한국 대기업의 미국 내 협력사로 참여
- 현지 벤처캐피털 및 투자사와 연결하여 미국 시장 내 자금 조달 기회 모색

❸ 현지화된 비즈니스 전략 채택

- 미국 기업 문화와 법률 체계를 이해하는 현지 전문가(로펌, 회계법인, 컨설턴트)와 협업
- 현지 마케팅 및 브랜드 전략: 미국 소비자 및 기업 고객 맞춤형 접근법 필요
- 미국 내 인재 채용 및 관리 체계 구축

❹ 산업 박람회 및 네트워킹 이벤트 참여

- CES(소비자 가전 전시회, 라스베이거스), SEMICON WEST(반도체 산업 박람회, 샌프란시스코) 등 미국 내 주요 산업 행사 참석
- 텍사스 내 에너지·배터리 관련 컨퍼런스(CERA Week), 해양박람회(OTC), America LNG Conference, 수소 산업 박람회 등을 통해 네트워크 확대

◆ 한국 기업의 텍사스 진출 준비 사항을 요약하면,
  - 법인 설립 및 투자 절차: 미국 법인 설립부터 면허 취득, 생산 시설 확보까지 철저한 사전 준비 필요
  - 주요 경제특구 및 산업 클러스터 활용: 업종별로 최적의 입지를 선정하여 정부 지원 및 공급망 최적화
  - 현지 파트너십 및 네트워크 구축: 텍사스 경제개발청, 한국무역협회, 산업 클러스터 협업 등을 활용하여 성공적인 정착 전략 수립

한국 기업이 텍사스에서 성공적으로 사업을 확장하기 위해서는 철저한 사전 조사와 네트워크 구축이 필수이며, 정부 인센티브 및 산업 클러스터를 적극 활용해야 한다.

성공적인 진출을 위한 필수 요소

한국 기업이 텍사스 시장에 성공적으로 진출하기 위해서는 다음 세 가지 핵심 요소를 잘 준비하고 대응해야 한다.

현지 법률 및 규제 대응 전략

텍사스는 미국 내에서도 규제가 비교적 자유롭고 사업하기 좋은 환경으로 알려져 있지만, 여전히 미국의 연방법과 텍사스 주법에 대한 충분한 이해가 필요하다. 특히 제조업에 해당하는 기업들은 환경법, 안전 규정, 세금 법률 등과 관련된 규제를 잘 파악해야 한다.

❶ 환경 규제: 텍사스는 환경 규제가 다른 주에 비해 덜 엄격할 수 있지만 여전히 연방 차원에서의 환경 보호법을 준수해야 하며, 특히 생산 공정에서 발생하는 배출물에 대한 규제를 신경 써야 한

다. 유능한 변호사를 통해 세심하게 점검해야 한다.

❷ **세금 정책**: 텍사스는 주정부 차원에서 판매세와 소득세가 없지만, 부동산세와 기타 세금이 높을 수 있다. 세무 전문가를 통해 정확한 세금 정책을 파악하고, 세금 혜택을 최대화할 수 있는 방법을 모색해야 한다.

❸ **노동법**: 노동 관련 규정(예: 근로 시간, 최저 임금 등)을 이해하고, 현지 노동 시장에 맞는 인사 정책을 수립해야 한다. 현지 전문가(변호사 등)를 통한 법적 조언이 중요하다.

노동 시장 및 문화 차이 이해하기

텍사스의 노동 시장은 다양한 산업과 분야에서 많은 기회를 제공하지만, 한국과의 문화적 차이를 이해하는 것이 성공적인 진출을 위한 중요한 요소다. 특히, 노동력의 특성과 근로자들의 태도, 근무 환경에 대한 이해가 필수적이다.

❶ **노동력 특성**: 텍사스는 다문화적인 지역으로, 다양한 인종과

배경을 가진 사람들이 함께 일하고 있다. 노동자들의 기대와 근무 방식이 한국과 다를 수 있기 때문에 현지 직원들과의 원활한 소통을 위한 문화적 이해가 필요하다.

❷ 근로 문화 차이: 한국은 계층적이고 위계적인 조직 문화를 가지고 있지만, 텍사스의 많은 기업들은 상대적으로 수평적인 조직 문화를 선호한다. 이에 맞는 리더십 스타일과 직원 관리 방안을 준비하는 것이 중요하다.

❸ 복지 및 근로 조건: 텍사스의 직원들은 보상과 복지에 민감할 수 있다. 경쟁력 있는 급여 체계와 복지 혜택을 제공하는 것이 인재 유치에 중요하다.

한국 기업의 강점을 살린 차별화 전략

한국 기업은 고유의 기술력, 품질 관리 그리고 혁신적인 제조 공정에서 경쟁력을 가지고 있다. 텍사스 시장에서도 이러한 강점을 잘 살려 차별화된 전략을 수립할 수 있다.

❶ **기술력 및 혁신:** 한국 기업은 반도체, 전자 제품, 자동차 등 다양한 분야에서 뛰어난 기술력을 보유하고 있다. 텍사스는 특히 기술과 제조업이 발달한 지역이기 때문에 혁신적인 기술을 기반으로 시장에 진입하고 현지 경쟁업체들과의 차별화를 꾀할 수 있다.

❷ **품질 관리:** 한국 기업은 품질 관리 시스템에 강점을 가지고 있다. 미국 소비자들은 품질에 민감하므로 'Made in Korea'브랜드를 내세워 품질 우수성을 강조하는 전략이 효과적일 수 있다.

❸ **글로벌 네트워크 활용:** 한국 기업은 글로벌 시장에서의 경험을 바탕으로 텍사스 내 외국 기업들과 협업하거나 공급망을 확장하는 전략을 활용할 수 있다. 현지 파트너와의 협력을 통해 시장 진입 장벽을 낮출 수 있다.

이 세 가지 요소를 잘 결합하여 텍사스 시장에 맞는 전략을 수립하면 한국 기업이 성공적으로 진출할 가능성이 커질 것이다.

한국 기업의 텍사스 진출 주요 도시 비교

텍사스 주요 도시 비교

도시	핵심 산업	장점	단점	적합한 한국 기업
휴스턴	에너지, 화학, 우주, 의료, 항만	세계적 에너지 허브, 의료 클러스터, 항만 물류 강점	기술 기반 제조업 비중은 낮음	에너지(수소/탄소 저감), 석유화학, 우주산업, 바이오, 태양광, 항만 연계 기업
댈러스	금융, 물류, IT, 전자, 방산	포춘 500 기업 다수, 대형 공항과 물류망, 인구 성장	고임금 구조, 공장 입지로는 상대적 열세	물류, SaaS, IT 서비스, 전자장비, 방산, 본사/법인 설립
샌안토니오	군수, 관광, 생명과학, 데이터센터, 태양광	국방 관련 산업, 의료 및 B2G 거래 유망	B2B·대량 제조에선 입지 약함	국방, 보안, 생명과학, 태양광, 공공 조달 분야
오스틴	IT, 반도체, 스타트업, 배터리	테슬라·삼성전자 등 대형 투자가 집중, 기술 인재 풍부	부동산 가격 상승, 공급망 정비 필요	반도체 소재, 전장부품, IT 솔루션, 창업형 기업
엘파소	국경 무역, 경공업 제조, 국방	저렴한 비용, 멕시코 연계 조립, 국방·물류 지원	내수시장 작음, 고급 인재 부족	중소 제조기업 (전자·자동차 부품), 물류, 조립형 기업

전략 포인트별 요약

❶ 제조 기반 기업

- 추천 도시: 오스틴(첨단), 엘파소(조립·경공업), 휴스턴(화학·소재)
- 포인트: 첨단 제조는 오스틴, 저비용 조립은 엘파소, 소재 연계는 휴스턴

❷ 물류 및 수출입 중심 기업

- 추천 도시: 댈러스(내륙 물류 중심), 휴스턴(항만), 엘파소(국경 통관)
- 포인트: 북미 전역 수출은 댈러스·엘파소, 글로벌 해상물류는 휴스턴

❸ 기술·IT·스타트업

- 추천 도시: 오스틴, 댈러스
- 포인트: SaaS, AI, 반도체 IP 기업은 오스틴, B2B 솔루션은 댈러스

❹ 국방·보안 협력

- 추천 도시: 샌안토니오, 엘파소
- 포인트: 미군 조달이나 국방 R&D 파트너십 고려 시 유망

❺ 바이오·의료·헬스 케어

- 추천 도시: 휴스턴(최고), 댈러스, 샌안토니오(확장 중)
- 포인트: 미국 진출 초기 바이오 기업에 휴스턴 진출 유리

오스틴의 반도체 생태계 현황

❶ 주요 기업

- 삼성전자:

  1996년부터 오스틴에 반도체 공장 운영

  2021년에는 테일러(Taylor, 오스틴 북동쪽)에 170억 달러 규모의 파운드리 신공장 투자 확정

  파운드리 생산 중심 (5nm~4nm 공정 포함)

- AMD:

  CPU 및 GPU 설계 본사, 오스틴에 연구 개발 인력 집중

  NXP Semiconductors, Infineon, Applied Materials:

  소재·설비 기업 및 시스템 반도체 기업이 다수 진출

- 테슬라:

  기가 텍사스Giga Texas 공장에서 차량용 반도체 수요 급증

❷ 한국 반도체 기업 진출 전략

소재/부품/장비(SKM·SEMI·ETC) 기업

전략 포인트	내용
기회	삼성 파운드리, 테슬라, NXP 등 다수 고객군 존재
진출 방식	현지 영업·기술 지원 사무소, 현지 법인 설립 → 점차 소규모 제조
진출 모델	미국 현지 Tier-1 고객 대응력 향상, 공급망 다변화
정부 연계	美 CHIPS법에 따른 현지화 압박 → "공급망 안정화 파트너"로 포지셔닝 가능
추천 분야	CMP 슬러리, 감광액, 웨이퍼 세척, 이온 주입, 테스트 장비, 패키징 장비 등

예시: 솔브레인, 원익IPS, 한미반도체 같은 소재·장비 기업들이 현지 고객 지원 센터 및 마이크로 팹라인 구축

파운드리 서비스·설계(Design House)

전략 포인트	내용
기회	미국 Fabless 기업들의 칩 설계 수요 증가 (특히 AI, 자율주행 분야)
진출 모델	삼성 파운드리 고객과 공동 개발·IP 설계·테스트 서비스 제공
추천 대상 기업	시스템 반도체 설계·개발 스타트업, IP 보유 기업, D2D 기술 기업 등

AI/자동차용 반도체 스타트업

전략 포인트	내용
시장 환경	테슬라, GM, 리비안 등 차량용 반도체 수요 증가 → 미국 내 로컬 파트너 선호
진출 모델	팹리스 스타트업 현지 설립, 삼성 파운드리와 연계
추천 방식	현지 VC 및 인큐베이터(SXSW, Capital Factory 등)와 협력

삼성 협력사로서의 진출 (2차 벨트)

전략 포인트	내용
기회	삼성의 테일러 공장 완공(2024~2025) → 협력사 공급망 재배치 필요
진출 방법	국내 삼성 협력사로서 "미국 진출형 공급 파트너"포지션 확보
지원 전략	한국-미국 정부 공동 지원 사업 활용(예: KOTRA, K-Semicon USA 등)

지역 선택: 오스틴 vs 테일러 vs 인근 도시

지역	특징	추천 대상
오스틴	연구 개발 중심, 인재 확보 유리, 글로벌 기업 네트워크	설계·R&D·소형 테스트 설비
테일러	삼성 신공장 위치, 저렴한 땅값(오스틴 대비)	제조 중심 소재·장비·부품 생산 기업
라운드록·조지타운 등	인근 중소 도시, 부지 개발 빠름	생산+사무소 혼합형 기업

리스크 및 고려 사항

항목	설명
인건비 상승	미국 내 기술 인력 부족 → 고임금 현상
현지화 압력	미국 정부 정책상 "현지 생산·조달 비율"요구 높아짐
공급망 불안정	물류비용, 부품 조달 등 기존 한국-미국 사이 공급망보다 복잡
문화·법률 장벽	계약, 세무, 법무 환경 한국과 매우 상이하므로 준비 필요

❸ 진출 로드맵 예시

ⓐ 단계 1: 사무소·법인 설립(1년 이내)

→ 삼성·테슬라·미국 고객사 대응, 영업·기술 지원 중심

ⓑ 단계 2: 샘플 생산 or 테스트 설비 구축(1~2년)

→ 장비 설치, 현지 교육 등

ⓒ 단계 3: 소규모 제조·조립 라인 구축(3년 이후)

→ 미국 공급망 법제화 대응

◆ 포인트 설명:
- 오스틴은 미국 반도체 산업의 전략적 허브로 부상 중
- 삼성, 테슬라, 팹리스 기업 등 고객 기반 풍부
- 소재·장비·설계 기업에 기회 많고, 초기에는 기술 지원·사무소 중심 진출 유리
- 미국 정부의 현지화 압박 및 인건비 고려하여 단계별 진출이 핵심

한국 기업 진출을 위한 지원 방안

오스틴Austin은 반도체 산업의 중심지로 부상하고 있으며, 한국 기업의 진출을 위한 다양한 지원 인프라와 프로그램이 마련되어 있다. 아래에 주요 인큐베이터, 산업단지, 정부 지원 프로그램을 정리한다.

❶ 주요 인큐베이터 및 지원 기관

ⓐ 오스틴 기술 인큐베이터(ATI)

소속: 텍사스대학교 오스틴 캠퍼스(UT Austin)

특징: 미국에서 가장 오래된 딥테크 인큐베이터로, 반도체 및 마이크로일렉트로닉스 분야에 특화된 프로그램 운영

주요 프로그램: PRISM 네트워크를 통해 국방부 지원을 받아 반도체 제조 스타트업을 육성하며, 2025년까지 최대 20개 기업을 지원 예정. *참조, ati.utexas.edu

ⓑ 텍사스 일렉트로닉스 연구소(TIE)

설립 목적: 미국 내 첨단 반도체 제조 및 설계 역량 강화를 위한 비영리 컨소시엄

주요 활동: 3D 이종 집적(HI) 기술 개발, 파일럿 제조 시설

제공, 반도체 인력 양성 등 *참조, txie.org

ⓒ KOTRA 오스틴 공유 오피스(*상세한 내용은 부록 참조)

설립 목적: 한국 중소기업의 오스틴 시장 진출 지원

주요 활동: 맞춤형 컨설팅, 시장 정보 제공, 현지 네트워크 연결 등을 통해 한국 기업의 미국 시장 진입을 지원 및 오스틴 현지 공유 오피스 제공

ⓓ 무역협회 댈러스 센터(*상세한 내용은 부록 참조)

설립 목적: 한국 중소기업의 수출입 무역 및 현지 진출 지원

주요 활동: 맞춤형 컨설팅, 무역 정보 제공 및 애로 사항 지원 등

❸ 주요 산업단지 및 연구 시설

ⓐ J.J. 피클 연구 캠퍼스(PRC)

소속: 텍사스대학교 오스틴 캠퍼스

특징: 국방, 원자력, 우주항공 등 다양한 분야의 연구가 진행되는 종합 연구 단지로, 반도체 관련 연구도 활발히 이루어짐

ⓑ 삼성전자 테일러 팹

위치: 오스틴 북동쪽 테일러(Taylor)

투자 규모: 170억 달러 규모의 파운드리 공장 건설 중

의의: 삼성전자의 미국 내 최대 반도체 투자로, 협력사 및
공급망 기업의 진출 기회 확대

❹ **정부 및 민간 지원 프로그램**

ⓐ 텍사스 반도체 혁신 기금(TSIF)

운영 주체: 텍사스 주정부

지원 내용: 반도체 기업의 연구 개발 및 시설 확장에 대한
보조금 지원

예시: 2025년 2월, Silicon Labs에 2,325만 달러 지원

ⓑ 반도체 스타트업 액셀러레이터

대표 기관: Capital Factory, DivInc 등

지원 내용: 초기 단계 스타트업을 위한 멘토링, 투자 유치,
네트워킹 등 다양한 지원 프로그램 운영

❺ 결론 및 제언

오스틴은 반도체 산업의 중심지로서, 한국 기업이 진출하기에 매우 유리한 환경을 갖추고 있다. 특히, 삼성전자의 대규모 투자와 함께 다양한 인큐베이터, 연구 시설, 정부 지원 프로그램이 마련되어 있어 소재·장비 기업, 팹리스 스타트업, 국방 협력 기업 등 다양한 분야의 한국 기업이 진출을 적극 고려해 볼 만하다.

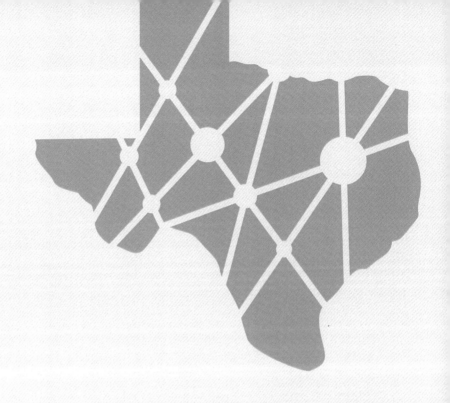

제5부

성공 사례와
미래 전망

텍사스에서 성공한
한국 기업 사례 분석

텍사스는 미국에서 제조업과 첨단 기술 산업의 중심지로 알려져 있으며, 한국 기업들도 이 지역에서 큰 성공을 거두고 있다. 삼성, LG, SK 그리고 LS Electric과 같은 대기업부터 중견·중소기업까지 다양한 기업들이 텍사스에서 성공적인 진출을 이루었는데, 각 사례를 통해 성공 요인과 교훈을 살펴보겠다.

삼성, SK, LS 성공 사례

❶ 삼성 전자

삼성 전자는 텍사스에서 다양한 사업을 운영하며 성공적인 성과를 거두고 있다. 특히 텍사스주에는 삼성의 반도체 공장과 연구 개발 센터가 자리 잡고 있어 이 지역에서 중요한 제조 및 기술 혁신의 거점 역할을 하고 있다.

반도체 공장: 삼성은 1997년부터 텍사스 오스틴에 반도체 생산 공장을 운영하고 있으며, 이는 텍사스 내에서 중요한 제조 거점 중 하나로 자리 잡았다. 2021년, 삼성은 오스틴 인근 도시 테일러에 새로운 반도체 공장을 건설하기로 결정했으며, 이는 텍사스의 기술 산업에 큰 영향을 미쳤다. 이 공장은 고급 반도체 칩을 생산하는 곳으로, 전 세계적으로 반도체 수요가 급증하는 가운데 중요한 역할을 할 것이다.

연구 개발 센터: 삼성은 텍사스에서 혁신적인 제품과 기술을 개발하기 위해 연구 개발 센터를 운영하고 있다. 특히 모바일 기술, 반도체, 디스플레이 등 다양한 분야에서 혁신을 이루어 내고 있으며, 이를 통해 글로벌 시장에서 경쟁력을 유지하고 있다.

성공 요인: 기술력과 연구 개발 투자

삼성은 텍사스에서의 성공을 기술 혁신과 연구 개발 투자에 기반을 두고 있다. 지속적인 연구 개발을 통해 현지에서 요구되는 고품질의 기술을 제공하며, 글로벌 반도체 시장에서 경쟁 우위를 확보하고 있다.

• 현지화 전략: 삼성은 텍사스 내에서 지역 사회와의 협력을 강

화하고, 현지 인력을 고용하는 등 현지화 전략을 효과적으로 구현했다.

❷ SK시그넷

SK시그넷은 2023년 6월 텍사스 북부 플레이노(Flano)에 전기차 초고속 충전기 공장을 설립했다. SK시그넷의 투자 규모는 200억 원 정도이며, 최대 400Kw 출력을 지원하는 고성능 충전기 신제품인 'V2'를 양산하고 있다. SK시그넷은 현지 생산을 통해 물류비 절감 및 미국 정부의 보조금 혜택을 극대화하고, 'Made in USA'충전기를 공급함으로써 미국 연방 및 주정부 조달 프로젝트에서 유리한 위치를 확보했다. 2024년 상반기 SK시그넷은 전기차 충전기 제조사로서 이 중 75개소의 사업을 확보해 약 14%의 점유율로 1위에 등극했다.

성공 요인:

- 초고속 충전 기술 경쟁력 확보: 전기차 배터리 기술과 충전 기술을 연계해 테슬라, 리비안(Rivian), 포드(Ford) 등 주요 완성차 업체와 협업 가능성을 확대했다.
- 파트너십 및 네트워크 구축: 전기차 충전 사업자(EVgo, Electrify America) 및 에너지 기업과 협업을 구축하였다.

- 현지화 전략: 미국 내 유력 기업 및 정부 기관과 협력해 충전 인프라 구축 프로젝트 참여와 현지 생산 및 운영 인력 고용해 미국 시장의 요구에 맞는 제품 개발 주력 그리고 미국 소비자 및 기업 고객의 니즈를 반영한 맞춤형 충전 솔루션 제공에 성공했다.

❸ LS Electric

지난 4월 14일 LS Electric은 미국 텍사스주 오스틴 인근 배스트롭Bastrop의 4만 6천㎡ 부지에 생산·연구·설계 등 현지화 핵심 시설을 갖춘 현지화 핵심 시설로 '배스트럽 캠퍼스'를 준공했다. LS Electric은 배스트럽 캠퍼스를 중심으로 전력 기기, 배전반 등 전략 제품을 생산할 계획이다. 이날 그랜드 오프닝 행사에서 구자균 회장은 "미국 시장과 배스트럽 캠퍼스는 LS일렉트릭의 글로벌 기업 도약의 확실한 디딤판이 될 것"이라며, "오는 2030년까지 2억 4천만 달러를 추가 투자해 생산 시설을 확충하는 것은, 물론 현지 인력을 채용해 지역 사회와 상생하는 북미 전력 솔루션 허브로 키워 가겠다"고 밝혔다.

성공 요인:
- 현지화 전략: LS 일렉트릭은 철저히 현지화 전략에 집중했다. LS 일렉트릭은 삼성전자 테일러 반도체 펩의 준공과 시설 운

용과 연계하여 공장 가동에 필요한 전력망의 안정적 공급을 위해 삼성과 협업을 통해 베스트럽 캠퍼스를 준공했다. LS 일렉트릭은 미국 전역에 생산·기술·서비스 인프라를 촘촘하게 확장해 제품과 솔루션은 물론 공급 체계와 서비스까지 제공할 계획이며, 이번 베스트럽 투자는 LS 일렉트릭의 해외 매출 비중 70%, 미국 TOP 4 전력 기업이라는 목표의 첫 출발점으로 삼았다.

• LS 일렉트릭은 이번 베스트럽 캠퍼스 준공을 계기로 현지 빅테크 기업 데이터센터에 납품하는 중·저압 전력기기와 배전 시스템(Swich Gear) 등을 본격 생산할 계획이다. 북미 전력 사업 전략 제품을 현지에서 생산함으로써 최근 미국 정부의 상호 관세 부과 등 관세 압박에도 어느 정도 해소할 것으로 기대한다. LS 일렉트릭의 현지화 전략은 과감한 투자를 통한 생산 기반 구축으로 공급망 안정성 확보는 물론 점차 심화되는 수입 규제와 관세 리스크 대응에도 긍정적일 것으로 보인다.

그랜드 오프닝 행사(중앙부터: 구자균 회장,
아드리아나 크루즈 텍사스 경제개발청장, 정영호총영사)

◆ SK시그넷, LS Electric의 텍사스 진출은 한국 기업이 글로벌 시장에 성공적으로 진입하는 좋은 전략 모델로, 기술 혁신과 현지화 전략을 잘 결합한 결과로 볼 수 있다. 이들 기업의 성공을 통해 한국 기업이 미국에 진출할 때 현지 생산, 정부 인센티브 활용, 기술력 차별화 그리고 기업 간 협업을 통해 성공할 수 있음을 보여 준다.

중견기업의 성공 사례

❶ OCI의 텍사스 태양광 에너지 성공 사례

OCI는 한국의 대표적인 화학 기업이자 태양광 에너지 사업에서 중요한 역할을 하고 있는 글로벌 기업이다. OCI는 텍사스에 태양광 관련 사업을 성공적으로 확장하면서 이 지역에서 강력한 입지를 다졌다. OCI의 텍사스에서의 태양광 에너지 사업 성공은 여러 요소가 결합되어 이루어진 결과이며, 이는 한국 기업이 해외 시장에서 어떻게 경쟁력을 발휘할 수 있는지 보여 주는 좋은 사례다.

OCI의 텍사스 진출 배경과 전략: 텍사스의 태양광 에너지 시장 잠재력

텍사스는 미국에서 태양광 에너지 발전 잠재력이 가장 큰 지역 중 하나다. 이 지역은 일조량이 풍부하고 넓은 대지 덕분에 태양광 발전에 매우 유리한 환경을 제공한다. 또한, 텍사스 주정부는 친환경 에너지 발전을 촉진하는 다양한 정책과 인센티브를 제공하고 있어, 태양광 산업에 대한 투자가 활발히 이루어지고 있다. OCI는 이러한 시장 잠재력을 활용하여 텍사스에서 태양광 에너지 사업을 확대하고, 지속 가능한 에너지 솔루션을 제공하기 위한 전략을 마련했다.

현지화 전략:

OCI는 텍사스 시장에 진입하면서 현지화 전략을 통해 성공을 거

두었다. 특히, 미국 내 태양광 관련 제조업체와의 협력과 파트너십을 강화하며 시장에 빠르게 자리 잡을 수 있었다.

- 제조 시설 및 연구 개발 센터 설립: OCI는 텍사스에 폴리실리콘 제조 시설과 연구 개발 센터를 설립하여 현지 시장에 맞는 제품을 생산하고, 기술 혁신을 이어 갔다. 이를 통해 현지에서의 공급망을 최적화하고, 생산 효율성을 극대화할 수 있었다.
- 협력 관계 강화: OCI는 현지 유력 태양광 기업들과 협력하여 공동 프로젝트를 진행하고, 글로벌 시장에서의 경쟁력을 높였다. 텍사스 내 태양광 패널 제조업체들과의 파트너십을 통해 안정적인 공급망을 구축하고, 현지 시장에 필요한 솔루션을 제공했다.

지속 가능한 에너지 개발 및 투자:

OCI는 지속 가능한 에너지 개발에 적극적으로 투자하면서 텍사스 내에서의 태양광 산업 성장을 지원했다. 텍사스는 자연적으로 풍부한 태양광 자원을 보유하고 있으며, OCI는 이 지역에서 태양광 발전을 촉진하는 다양한 프로젝트를 수행하고 있다. OCI는 태양광 패널의 효율성을 개선하는 기술 개발에 투자하고, 이를 통해 텍사스 내에서의 시장 점유율을 확대하는 데 주력했다. 또한, 텍사스의 대규모 태양광 발전소 프로젝트에 참여함으로써 그 지역의 청정 에너지 전환을 지원하고 있다.

성공 요인:

OCI의 텍사스에서의 태양광 에너지 사업 성공은 여러 요인들이 결합된 결과다. 주요 성공 요인은 다음과 같다.

- 기술력과 품질

OCI는 폴리실리콘과 태양광 기술에서 오랜 경험과 기술력을 보유하고 있으며, 이를 바탕으로 텍사스 시장에서 경쟁 우위를 점할 수 있었다. 특히, 폴리실리콘 제조 기술과 태양광 패널 효율성 개선 기술에서의 혁신은 텍사스의 대형 태양광 프로젝트에서 중요한 역할을 했다.

- 전략적 위치 선정

OCI는 텍사스 내에서 태양광 발전에 최적화된 지역(샌안토니오)에 제조 시설과 연구 개발 센터를 두어 원재료 공급 및 제품 생산 효율성을 극대화했다. 이는 현지 시장에서 빠르게 경쟁력을 확보할 수 있게 했다.

- 정부 정책과 지원 활용

텍사스 주정부는 재생 가능 에너지, 특히 태양광 발전에 대한 강력한 지원을 아끼지 않고 있으며, OCI는 이러한 정부의 정책적 지원과 인센티브를 적극적으로 활용했다. 특히, 세금 혜택과 청정에너지 장려 프로그램은 OCI가 텍사스에서의 사업을 확장하는 데 중요한 요소로 작용했다.

• 현지 파트너와의 협업

OCI는 텍사스 내 주요 태양광 관련 기업들과의 파트너십을 통해 성공적인 진출을 이루었다. 현지 시장에 대한 깊은 이해와 글로벌 네트워크를 활용하여 협력 관계를 확립하고, 시장에 대한 접근성을 높였다.

향후 전망과 전략:

OCI는 텍사스에서의 성공을 기반으로 북미 및 글로벌 시장에서의 태양광 에너지 사업 확대를 목표로 지속적인 투자를 이어 갈 계획이다. OCI는 현재 텍사스 내 태양광 발전 및 개발 시장에서 점유율 15%를 기록하는 1위 기업으로 성장했다. 지난 2월, OCI홀딩스는 최근 미국 자회사 OCI에너지가 이스라엘 태양광 발전 회사 아라바파워와 '선로퍼 프로젝트' 합작법인(JV) 설립에 관한 협약을 체결했다고 밝혔다. 이번 선로퍼 프로젝트는 텍사스주 휴스턴 남쪽 와튼 카운티 약 693만㎡(약 210만 평) 대지에 260MW 규모의 태양광 발전소를 구축하는 사업이다. 260MW는 국내 기준 약 6만 가구가 하루 동안 사용할 수 있는 전력량이다. OCI는 향후 텍사스는 물론, 다른 태양광 발전 잠재력이 큰 지역으로의 사업 확장도 예정되어 있다.

OCI 태양광 발전소, 샌안토니오

◆ OCI는 텍사스에서의 태양광 에너지 사업을 통해 성공적으로 시장에 자리 잡았으며, 지속 가능한 에너지 개발과 기술 혁신을 통해 글로벌 시장에서의 입지를 강화해 나가고 있다. OCI의 텍사스 진출 사례는 중견 및 중소기업에 여러 중요한 교훈을 제공한다. 기술력 기반의 경쟁력 강화, 정부의 지원을 적극 활용하는 전략, 현지화 전략을 통한 시장 적응 등은 다른 기업들이 해외 시장에 진출할 때 유용한 교훈이 될 수 있다. 또한, 지속 가능한 에너지 개발에 대한 투자는 기업의 장기적인 성장과 글로벌 시장에서의 경쟁력을 확보하는 데 중요한 요소임을 보여 준다. OCI의 성공 사례는 한국 기업들이 해외 시장에서 어떻게 경쟁력을 발휘할 수 있는지 그리고 텍사스와 같은 성장 가능성이 큰 지역에서 어떻게 사업을 확장할 수 있는지를 잘 보여 준다.

❷ 중부발전의 에너지 시장 진출

한국중부발전은 미국 텍사스주에서 두 개의 대규모 태양광 발전소를 성공적으로 개발 및 운영하며, 글로벌 신재생에너지 시장에서의 입지를 강화하고 있다.

엘라라 태양광 발전소(Elara Solar Project)

텍사스주 프리오카운티에 설립한 태양괄 발전소는 130㎿ 규모로, 약 2억 달러(한화 약 2,300억 원)가 투자되었다. 엘라라 발전소는 2021년 2월 텍사스 한파로 인한 대규모 정전 사태 이후 첫 번째로 재원 조달에 성공한 사례로, 중부발전의 미국 내 신재생에너지 사업 개발·건설·운영 경험이 큰 역할을 했다.

콘초밸리 태양광 발전소(Concho Valley Solar Project)

텍사스주 산안젤로시에 건설되었으며, 160㎿ 규모로 총사업비 약 2억 1,000만 달러가 소요되었다. 콘초밸리 발전소는 연간 약 422GWh의 전력을 생산하며, 향후 40년간 운영 예정이다. 이 태양광 발전소는 약 850만 평의 부지에 건설되었으며, 태양광 모듈, 변압기, 케이블 등 약 1,000억 원 규모의 국산 기자재를 활용하여 국내 기업의 해외 진출에도 기여했다.

현지화 전략의 성공: 중부발전은 미국 내 신재생에너지 사업 확대를 위해 KOMIPO Energy Solution America를 설립하여 현지에서의 개발, 건설, 운영을 주도하고 있다. 또한, 현대건설 및 한국해외인프라도시개발지원공사(KIND)와 협력하여 미국 태양광 발전 사업 공동 개발을 추진하고 있으며, 이를 통해 민관 협력 체계를 구축하고 있다. 이러한 성공적인 투자는 중부발전의 글로벌 신재생에너지 시장에서의 경쟁력을 높이고, 국내 기업의 해외 진출을 촉진하는데 중요한 역할을 하고 있다.

중부발전의 엘라라 태양광 발전소

최근 중소기업들의 텍사스 진출 배경과 매력 요인

　최근 한국의 중소기업들이 텍사스로 대거 진출하고 있다. 반도체 소재, 전기차 부품, 외식 산업 등 업종을 불문하고 텍사스를 선택한 이들의 공통점은 무엇이며, 이러한 흐름이 시사하는 바는 무엇일까? 여기서는 이들 기업의 진출 배경, 텍사스의 산업적 매력, 주요 기업별 사례 및 성공 가능성을 간략하게 살펴보겠다.

❶ 텍사스 진출의 배경 및 매력 요인

　반도체 클러스터의 부상: 삼성전자가 테일러에 대규모 반도체 공장을 착공하면서 텍사스는 새로운 글로벌 반도체 허브로 부상했다. 이는 소재, 장비, 인프라 기업들의 동반 진출을 유도하는 결정적 계기가 되었다.

　비즈니스 친화적 환경: 텍사스는 법인세가 없고, 규제가 비교적 완화되어 있으며, 인건비와 인프라 비용도 캘리포니아나 뉴욕 등 대도시 대비 경쟁력이 높다. 노동조합의 영향력도 약해 기업 운영에 유리한 환경이다.

　소비시장 및 지리적 환경: 텍사스는 미국 내 인구 증가율이 가장 높은 주 중 하나로, 소비시장으로서의 잠재력이 크다. 또한 미국 중남부에 위치해 물류의 중심지 역할도 가능하다.

주요 진출 기업 사례 및 성공 가능성 분석

❶ 솔브레인

반도체 재료 업체인 솔브레인이 삼성전자 테일러 팹의 준공에 발맞춰 반도체에 인산 공급을 위해 2,400억 원을 투자해 테일러에 공장을 건설하고 있다. 솔브레인은 향후 5,530억 원을 추가 투자하는 것도 검토 중이다. 테일러시는 공장 건설의 각 단계에서 향후 10년 동안 솔브레인에 25% 재산세 감면 혜택을 제공하기로 했다. 솔브레인은 삼성과의 공급망 연계로 현지 생산을 구축하는 것이라 성공 가능성이 매우 높다.

❷ 동진쎄미켐

동진쎄미켐은 작년 7월에 텍사스 플레인뷰에 1,400억 원을 투자한 황산 공장 준공식을 성공적으로 개최했다. 동진쎄미켐은 삼성물산과 미국 마틴의 합작사다. 동진이 생산하는 반도체용 고순도 황산은 2023년 미국 상무부가 발표한 공급이 우려되는 78종의 반도체 공정 재료 중 하나다. 동진쎄미켐은 미국 전역에 소재한 주요 반도체 팹들에 제품 공급을 안정적으로 제공할 것으로 예상되며, 특

히 삼성물산과 미국 마틴의 합작회사라는 점에서 텍사스에 성공을
이룰 것으로 예상된다.

❸ 세아제강

새아제강은 텍사스 중부지역 템플에 약 1,500억 원을 투자해 철강
제조 생산 시설을 구축한다. 세아제강은 미국 내 투자법인 세아글로
벌홀딩스와 특수합금 생산법인 세아슈퍼알로이테크놀로지(SST)를 설
립해 공동으로 텍사스 공장 준공에 나선다. 템플 공장은 연간 6,000t
규모의 특수합금 생산 설비가 구축될 예정이다. 텍사스 주정부는 세
아제강에 약 13억 원의 인센티브를 제공할 것으로 알려졌으며, 세아
제강은 텍사스 현지에서 100개 이상의 일자리를 창출한다.

그렉 에봇 텍사스 주지사가 작년 7월 방한 시 세아제강의
텍사스 공장 건설 추진 결과를 발표하고 있다

❹ 한화첨단소재

한화첨단소재는 텍사스 윌리엄슨카운티에 자동차 부품 생산 공장을 설립하기 위해 약 1억 달러를 투자한다. 이번 투자는 미국의 테슬라와 연계하여 북미 자동차 부품 시장 공략을 가속화하기 위한 전략적 행보로 해석된다. 윌리엄슨카운티 조지타운에 세워질 한화첨단소재 공장에 대해 윌리엄슨 카운티 위원회는 세금 감면 혜택을 포함해 다양한 인센티브를 제시한 것으로 알려졌다. 한화첨단소재는 텍사스 공장 건립을 통해 지역 일자리 창출을 비롯해 북미 시장 공략을 적극적으로 펼치면서 글로벌 자동차 메이커와 장기적 협력 기반 강화와 부품 시장의 경쟁력 제고를 한 차원 끌어올릴 것으로 예상된다. 또한 현지 친환경 기준을 충족하는 스마트 공장 도입으로 ESG 경영 강화에 크게 기여할 것으로 보인다.

❺ SPC 그룹(파리바게트)

SPC 그룹은 텍사스주 존슨 카운티 벌리슨에 1억 6천만 달러를 투자해 제빵 공장을 설립할 계획이다. SPC 텍사스 공장은 파리바게트 매장이 늘어나는 미국과 캐나다를 비롯해 진출 예정인 중남미 지역까지 베이커리 제품을 공급하기 위한 생산시설이다. 한편, 존슨카운티와 벌리슨시는 파리바게트에 지원금 1천만 달러를 지원키로 했으며, 텍사스주는 공장 설립에 필요한 장비 구입에 세금 혜택을 제공한다. 이에 따라 파리바게트는 최대 1천 400만 달러 규모의 지원을 받게 된다. 파리바게트 공장 건립으로 이 지역에 450개 일자리가 창출된다. SPC 그룹은 텍사스의 탁월한 물류 접근성과 고용 환경의 강점을 최대한 살렸으며, 텍사스 공장 건립은 북중미 진출의 중요한 전환점이 될 것으로 보인다.

PARIS BAGUETTE 북미 매장 현황 *2025년 1월 기준

캐나다
11개

텍사스주 벌리슨시
[City of Burleson]

미국
198개

SPC 텍사스주 제빵공장 건립 예정지

❻ 명신산업

명신산업이 미국 자회사 심원을 통해 텍사스 샌안토니오에 자동

차 부품 제2공장을 설립했다. 제2공장이 들어선 샌안토니오시 브룩스카운티는 자동차 제조 허브로 떠오른 지역으로 이미 토요타와 나비스타 인터내셔널 그리고 영국 JCB와 나이세이아메리카 등이 진출해 있다. 브룩스카운티는 테슬라 텍사스 기가팩토리가 위치한 오스틴과 인접한 지역으로, 명신산업은 이곳 공장에서 자동차 도어 등을 생산해 테슬라에 납품하고 있다. 명신산업은 테슬라와 공급망을 연계해 현지 생산 구축에 성공함으로써 텍사스에서 지족전 성장 가능성을 한층 높였다.

❼ 코넥 테크

코넥은 테슬라 협력사로 사이버 트럭의 주요 부품을 납품하는 기술력이 탁월한 회사로 자동차 부품 제조의 핵심인 다이캐스팅 수준이 세계적 수준이다. 다이캐스팅은 금형 틀에 알루미늄을 고속 고압으로 주입해 부품을 만드는 주조 기술로 정밀한 공정이 필요해 진입 장벽이 높은 편이다. 이런 기술력으로 코넥은 수년 전부터 테슬라의 요청에 따라 핵심 부품을 납품해 오던 중 테슬라의 권유를 받아 텍사스로 진출해 휴스턴에 규모 있는 공장을 건설해 정상 가동 중에 있다. 코넥은 테슬라와의 공급망 구축으로 텍사스에서 새로운 성장의 미래를 열어 갈 기반을 탄탄하게 구축했으며, 휴스턴에 공장 설립 시 테슬라로부터 1천억 원 규모의 투자를 유치 받은 것으로 알려졌다.

종합 분석 및 제언

주요 사례로 소개한 몇 개 중소기업이 텍사스에 성공적 진출을 할 수 있었던 성공 요인으로 현지 대기업과의 공급망 연계, 고기술 기반 경쟁력 그리고 신속한 실행력 및 적응력을 들 수 있다. 그러나 텍사스 진출이 다 성공을 보장하는 것은 아니다. 미국 내 규제 및 인증 장벽, 인재 확보 및 현지화 전략 부족 그리고 초기 투자 비용과 고정비 부담 등의 도전 과제가 있다. 따라서 전략적 제언을 하자면, (i) 단기 프로젝트 참여를 넘어선 지속 가능한 현지화 필요, (ii) 법인화, 파트너십, 로컬 네트워크 구축 필요, (iii) 장기적 관점에서 북미와 남미 시장 전반으로 확장 전략을 마련하는 것이 중요하다.

◆ 텍사스는 한국 중소기업들에게 '기회의 땅'이자 '필수적 진출지'로 자리매김하고 있다. 반도체, 전기차, 부품소재산업, 외식 산업, 바이오테크 산업, K-뷰티 등 주요 산업군의 전환기에 발맞춘 이들의 진출은 한국 산업의 글로벌화와 미국 내 제조업 부흥 흐름의 교차점에 서 있다. 향후 이 흐름을 지속 가능하게 만들기 위해 체계적 접근이 요구된다.

향후 10년, 텍사스 제조업의 미래

향후 10년 동안 텍사스의 제조업은 빠르게 변화할 것이며, 특히 새로운 기술과 시장 동향에 대한 적응이 중요한 시점이다. 다음은 주요 주제에 대한 분석이다.

향후 성장할 산업 및 투자 기회

텍사스는 다양한 산업에서 제조업의 성장 잠재력을 갖추고 있다. 향후 10년 동안 특히 두 가지 산업 분야에서 큰 성장이 예상된다.

⑴ 전기차 및 배터리 제조

텍사스는 전기차(EV) 산업의 핵심 거점으로 자리 잡을 가능성이 높다. 일론 머스크의 테슬라가 이미 오스틴에 대규모 기가팩토리를 건설했으며, 배터리 제조업체와 충전소 관련 인프라가 빠르게 확장되고 있다. 텍사스는 전기차 부품, 배터리 셀 제조 및 관련 산업을 위한 전략적 위치로, 향후 10년간 큰 성장 기회를 제공할 것이다.

(2) 재생 가능 에너지 산업

텍사스는 풍력과 태양광 발전에서 중요한 역할을 하고 있으며, 이에 따른 관련 부품 제조와 관련 기술 개발도 급증할 것이다. 특히, 재생 가능 에너지 기반 시설의 확장이 제조업에 미치는 영향도 크기 때문에 이 산업에 대한 투자가 활발히 이루어질 것이다.

(3) 반도체 및 고급 전자 제조

반도체 칩은 자동차, 스마트폰, AI 등 다양한 산업의 핵심 부품이다. 텍사스는 글로벌 반도체 제조 허브로 떠오르고 있으며, 많은 기업들이 새로운 생산 시설을 세우고 있다. 이는 한국 기업에게도 큰 투자 기회가 될 것이다.

(4) 바이오테크 산업

텍사스는 세계 최대 의료 복합단지인 휴스턴의 TMCTexas Medical Center를 중심으로 바이오 산업 육성을 위한 혁신에 강력한 드라이브를 걸고 있다. 이미 수년 전부터 바이오 포트Bio Port를 건설을 추진하면서 바이오테크 육성을 위한 이노베이션 팩토리Innovation Factory를 오픈해 이곳에서 존슨앤존슨, 모더나 등 미국 메이저 제약회사들의 연구소(lab) 운영, 베일러 의대를 중심으로 많은 바이오 스타트업들이 활발한 활동을 펼치고 있다.

2023년 말에 오픈한 헬릭스 파크Helix Park 등은 미국 바이오 산업을 주도하는 보스톤, 샌프란시스코와 함께 휴스턴이 미국 바이오 산업의 트로이카로 자리매김하는 데 큰 역할을 담당할 것이다. 그리고 한국의 바이오테크 및 제약 회사들은 TMC와 공동 연구, 임상 시험 협력, FDA 인증 로드맵 확보, 미국 내 법인 설립 통한 세제 혜택 및 시장 접근성 강화로 바이오 산업의 새로운 생태계를 구축하는 휴스턴에서 좋은 기회를 찾을 수 있을 것이다.

한국 바이오 기업의 TMC 성공 진출 전략 소개

ⓐ 진출 방안

파트너십 형성

공동 연구 협약: TMC Innovation 및 Accelerator 프로그램에 참여하여 한국의 바이오테크 기술력을 현지 의료 및 연구 기관과 결합.

미국 기업과의 조인트벤처: 휴스턴의 바이오 제약 기업과 공동 연구 개발(R&D) 또는 기술 라이센싱 협력.

현지화 전략

현지 법인 설립: TMC 내 인큐베이터 또는 Co-working Lab 을 활용해 미국 시장에 맞춘 연구소와 생산 시설 구축.

FDA 인증 지원: 한국 바이오테크 제품들이 FDA 승인을 받을 수 있도록, TMC의 임상 실험 네트워크 활용.

정부 및 기관 지원 활용

한국의 보건산업진흥원의 지원 프로그램을 통해 초기 진출 비용을 절감.

TMC Biodesign Fellowship과 같은 프로그램을 통해 기술 교류 및 네트워크 확장.

◆ TMC Biodesign Fellowship

TMC에서 운영하는 의료 혁신가 양성 프로그램으로, 의료 현장의 문제를 해결할 수 있는 헬스케어 솔루션을 개발하도록 돕는 1년 과정의 풀타임 프로그램이다. 이 프로그램은 헬스케어, 공학, 디자인, 비즈니스, 생명과학 등 다양한 배경을 가진 전문가들이 팀을 이뤄 참여하고 있으며, 의료인, 엔지니어, 창업가, LX 디자이너, MBA 출신 등 다양하게 구성되어 있다. 이 프로그램을 통해 바이오 헬스 스타트업 등은 TMC 내 MD Anderson 병원, Texas Children's Hospital 등 세계적 병원 현장을 직접 방문하고 협력할 기회를 얻는다. 수료 후 실제 스타트업을 설립해 TMCx나 Venture 펀드를 통해 후속 투자를 유치하고, J&J(존슨앤존슨), Medtronic 등 글로벌 기업과의 멘토링 및 협력 기회를 얻을 수 있다.

ⓑ 상호 협력 방안

기술 협력

AI 및 디지털 헬스 케어: TMC와 한국의 강점인 IT 융합 기술(예: AI 기반 신약 개발, 의료 데이터 분석)을 결합.

임상 연구: TMC의 글로벌 임상시험 네트워크를 통해 한국 기술을 적용한 치료제 및 의료 기기 검증.

투자 유치

TMC Venture Fund와 같은 지역 투자자들로부터 자금을 유치하거나, 한국 정부와 민간기업이 펀드를 조성해 TMC와의 공동 투자 프로젝트를 진행.

교육 및 인력 교류

TMC 내 교육 및 트레이닝 프로그램에 한국 연구자와 인턴을 파견해 글로벌 감각을 익히도록 지원.

ⓒ 미래 전망

TMC의 글로벌 허브화

휴스턴은 북미뿐만 아니라 남미 시장으로 진출할 수 있는 전략적 요충지로, 한국 바이오테크 기업이 글로벌 플레이어로 자리 잡는 데 큰 도움이 될 것임.

첨단 바이오 기술의 성장

TMC의 협력을 통해 한국 기업들이 mRNA, 유전자 치료
제, 세포 치료제와 같은 최첨단 기술 분야에서 빠르게 성장
가능.

ESG 및 지속 가능성 강화

한국 바이오테크 회사들은 TMC와 함께 지속 가능한 바이
오솔루션(예: 친환경 제약 공정)을 개발하여 글로벌 시장에서
경쟁 우위를 확보할 수 있음.

ⓓ 결론

TMC와 협력은 한국 바이오테크 회사들이 미국 시장뿐만
아니라 글로벌 시장에서도 입지를 강화하는 중요한 기회이
다. 특히, AI와 바이오의 융합, 임상 네트워크 활용 그리고
글로벌 인력 교류를 통해 상호 '윈-윈(Win-Win)'관계를 구축
할 수 있다.

(5) AI와 데이터 분석

AI와 자동화는 텍사스 제조업에서 중요한 혁신적 요소로 자리 잡
고 있다. 생산성 향상과 품질 관리를 위한 AI 도입이 가속화될 것이

다. AI는 생산 과정에서 실시간 데이터를 분석하고, 문제를 미리 예측하거나 자동으로 수정할 수 있는 시스템을 통해 제조업체가 경쟁 우위를 유지하도록 돕는다. 테슬라, 오라클, 델 등 최고의 기업들이 오스틴을 중심으로 기술 우위 확장을 위해 지속적 투자를 진행하고 있다.

(6) 자동화

로봇 공학과 자동화 기술은 노동력을 대체하거나 지원하는 역할을 하여 생산 효율성을 극대화하고 있다. 특히, 고급 기술이 적용된 로봇과 자동화 시스템이 다양한 제조 공정에 도입되면서 비용 절감과 품질 개선이 이루어질 것이다.

(7) 친환경 제조

탄소 배출을 줄이는 친환경 제조 방식이 텍사스에서도 점차 확대될 것이다. 재활용, 지속 가능한 원자재 사용, 에너지 효율성이 높은 제조 방법이 점차 의무화될 것으로 보인다. 이는 기업들에게 경쟁력 있는 시장에서의 존재감을 강화하는 중요한 요소가 될 것이다. 텍사스는 태양광, 풍력 등 친환경 에너지원이 풍부하여, 이러한 제조 방식에 대한 기술 혁신이 계속 이루어질 것이다.

⑻ 전력공급망 사업

한국 기업들이 텍사스 전력공급망 사업에 성공적으로 진출할 가능성과 조건을 설명하겠다.

❶ 성공 가능성

• 제조업 르네상스와 전력 수요 폭증

텍사스는 삼성전자, 테슬라, GM, TSMC 등 글로벌 제조업체의 대규모 공장 투자로 제조업 허브로 급부상했다. 이에 따라 산업용 전력 수요가 급증하고 있어, 기존 전력 인프라만으로는 수요를 감당하기 어렵다. LS Electric이 진출한 것도 이 공급 공백을 노린 전략이다.

• 탈중앙화 전력망(Distributed Energy Resource, DER) 트랜드

텍사스는 독자 전력망(ERCOT)을 운영하는 특수성 때문에 마이크로그리드나 분산형 전력 시스템 수요가 늘어나고 있다. 스마트 그리드, 배전 자동화, 에너지 저장 장치(ESS) 분야에 강점을 가진 한국 기업들에게 새로운 기회이다.

• 우호적 비즈니스 환경

텍사스는 타 주 대비 법인세 없음, 규제 완화, 친기업적 정책을 펴고 있어 제조 및 전력 인프라 사업 모두 비용 효율성이 높다.

❷ 성공을 위한 조건

• 현지 파트너십 구축

텍사스는 지역별 유틸리티 회사(Oncor, CenterPoint Energy 등)와 긴밀한 협력이 필수다. 직접 EPC(설계-조달-시공)를 하기보다는, 현지 유틸리티사, EPC 업체, 건설사와 조인트벤처나 파트너십을 맺는 것이 성공 확률을 높인다.

• 인증 및 규제 대응

텍사스는 ERCOT 규정 외에도 UL(미국 안전 규격), IEEE(전기전자학회 기준), NERC(북미 전력 신뢰성 기준) 등 복잡한 인증 시스템이 존재한다. 사전 인증 준비 및 로컬 엔지니어 확보가 매우 중요하다.

❸ 맞춤형 솔루션 제안

단순히 제품(변압기, 스위치 기어 등)만 공급하는 것이 아니라, 에너지 절감 컨설팅, 전력 품질 관리 솔루션, ESS 연계형 마이크로그리드 구축 등의 Total Solution 제공이 필요하다.

❹ 가격 경쟁력+신뢰성 확보

텍사스 발주처들은 가격도 중시하지만, 무엇보다 '품질 신뢰성'(리스크 최소화)을 크게 본다.

한국 기업 특유의 '고품질+가격 경쟁력'을 살리되, 초기에는 무리한 수익 추구보다는 레퍼런스 확보를 중시하는 전략이 효과적이다.

❺ 요약

텍사스는 제조업 붐과 함께 전력 인프라 수요가 폭발적으로 증가하고 있으며, 한국 기업들은 '스마트하고, 빠르고, 신뢰성 높은' 전력 공급 솔루션으로 현지 파트너십과 규제 대응을 철저히 준비하면 충분히 성공할 수 있다.

(9) 그래핀 복합소재 제품 사업

❶ 텍사스 시장 진출 가능성(Graphene Composite)

- 성장하는 소재 수요

텍사스는 반도체(삼성, TSMC), 전기차·배터리(테슬라, GM), 항공우주(보잉, 록히드마틴) 산업이 빠르게 성장 중이다. 이들 산업은 초경량, 초내구성, 초전도성 특성을 가진 첨단 소재를 필요로 한다. 그래핀 복합소재는 구조 강화, 방열, 전자파 차폐, 에너지 저장 등에 강점을 가져서 적용 가능성 매우 높다.

• 탄소중립 및 에너지 전환 트랜드

텍사스는 전통적 석유 산업 주이지만, 최근에는 배터리, 수소 에너지, 태양광·풍력 등으로 에너지 전환 가속. 고효율 배터리용 소재(ex. 그래핀 기반 양극재·음극재, 전도성 소재) 수요가 늘어나는 중이다.

• 미국의 첨단 소재 지원 정책

미국 연방정부 및 텍사스 주정부는 첨단 소재 제조 혁신(MII, Manufacturing Innovation Institutes) 프로그램을 통해 그래핀을 포함한 신소재 개발에 투자 중이다. 텍사스 A&M, UT Austin 등 연구 기관도 그래핀 연구센터를 운영 중에 있다. 따라서 기술 기반 소재 기업에 정부·공공 펀딩 지원 가능성이 있다. 요약하면, 텍사스는 그래핀 복합 소재 수요가 높아질 필수 산업들이 몰려 있고, 정부·시장 모두 그래핀 응용을 확대하는 추세라 잘 준비하면 확실히 진출 기회가 있고 성공 가능성도 높다.

- 텍사스 진출 성공 조건

조건	구체적 설명
타깃 산업 맞춤형 제품 개발	전기차용, 배터리용, 반도체용, 항공용 등 산업별 특화된 그래핀 복합 소재 개발 필요
현지 인증 및 테스트 통과	ASTM(미국 재료 규격), SAE(자동차 소재), UL 인증 등을 사전 확보해야 수주 가능
R&D 협력 네트워크 구축	텍사스 A&M, UT Austin 등과 공동 연구 또는 테스트베드 구축
현지 생산 또는 라이트 팹 (Light Fab) 구축	완제품 수출보다 현지 조립·가공 체계 갖춰야 관세 회피+IRA 혜택
IP(지적재산권) 확보 및 관리	그래핀 관련 특허 침해 이슈 많으므로 사전에 미국 특허 등록 및 법률 대응 체계 준비
로컬 비즈니스 파트너 확보	배터리 제조사, 자동차 부품사, 항공우주 업체 등과 MOU 체결하거나 샘플 테스트 진행

❷ **구체적 진출 전략**(Roadmap)

- 초기(1~2년): 핵심 제품 선정(ex. 전도성 그래핀 복합소재, 방열용 소재 등) / 미국 특허 출원 및 ASTM 인증 확보 / UT Austin, Texas A&M 소재 연구소 협업 제안

- 성장기(3~5년): 로컬 소재 공급사나 부품업체와 파일럿 프로젝트 수행 / 소량 생산 라인 구축 (Light Fab) / Tesla, GM, Samsung Texas 반도체 공장 대상 적용 제안

- 장기(5년 이후): 대형 Joint Venture 설립 검토 / 항공우주(Aerospace) 시장 진출(Lockheed Martin, NASA 협력)

❸ 예상되는 리스크와 대응 방안
- 리스크 대응 방안

그래핀 원재료 원가 변동 장기 공급 계약 확보 / 재료 다변화 / 인증·테스트 지연 / 초기부터 전문 인증 대행사와 협력
- 특허 분쟁: 미국 특허 선등록+현지 법률사무소 선제적 대응 체계 구축
- 초기 시장 불확실성: 연구 기관 협력 통해 적용 실증 레퍼런스 확보

❹ 결론

그래핀 복합 소재는 텍사스 산업 전환의 중심에 있는 전기차, 반도체, 항공우주 시장에서 분명한 수요 증가가 예상되며, 타깃 산업 맞춤형 제품 개발+현지 인증+협력 네트워크 구축 전략으로 접근하면 성공 가능성 매우 높다.

(10) 화장품 산업

화장품 산업은 한국 기업이 성공할 가능성이 매우 높은 텍사스 제조업의 신규 사업 분야에 속한다. 간략하게 설명한다.

❶ 텍사스 시장의 특성

- 인구 규모: 미국 내 2위, 약 3,200만 명. 매년 빠르게 증가 중.
- 다문화 사회: 히스패닉, 백인, 아시아계, 아프리카계 다양.
- 경제력: 주별 GDP 1위(캘리포니아 제외 시), 가처분 소득 높음.
- 뷰티 시장 성장: 천연 성분, 클린 뷰티, 기능성 화장품 수요 증가.

❷ 텍사스에서 성공 가능성

- K-뷰티 브랜드 파워: 이미 미국 내 Sephora, Ulta 등 유통 경험 多.
- 가격 경쟁력: 고품질 대비 중저가 포지셔닝 가능.
- 트렌드 리더십: 스킨케어 중심(미국은 메이크업 위주였으나 변동 중).
- 제품 혁신성: 기능성 화장품(미백, 주름 개선, 선스크린 등) 강점.
    → 성공 가능성 높으나, 다만, '로컬 맞춤화 전략'이 필수적이다.
- 멕시코 시장 진출 가능성: 국경 인접한 인구 1억 3천만 명의 멕시코 시장은 황금 어장. 중남미 진출의 교두보로 멕시코는 K-Pop, K-Beauty 파급 효과 매우 크다.

❸ 요약

화장품 기업의 텍사스 진출 성공 가능성은 매우 크다. 그러나, '한국 스타일 그대로'가 아닌 텍사스 맞춤 전략을 구사해야 한다.

→ '현지화(Localization)+K-뷰티 프리미엄 전략'이 핵심이다.

텍사스 시장 진출을 위한 1년 전략 로드맵 예시

1단계: 준비 및 사전 조사(1~3개월)

▶목표: 텍사스 시장 이해, 경쟁 분석, 진출 전략 설계

시장 리서치 수행

- 타깃 고객 분석 (히스패닉, 밀레니얼, 고소득층 등)

- 경쟁 브랜드 조사 (미국·한국·중국 브랜드 비교)

제품 라인업 선정

- 현지 소비자 니즈에 맞는 상품군 결정(예: 자외선 차단제, 고보

   습 크림, 여드름 케어 등)

법률 및 규제 확인

- FDA 등록, 라벨링 규정, 수출입 통관 절차 등 준비

현지 파트너 탐색

- 유통업체, 뷰티 유통 플랫폼, 로컬 마케팅 에이전시 미팅

2단계: 브랜딩 및 론칭 준비(4~6개월)

▶목표: 브랜드 현지화, 채널 확보, 론칭 준비

브랜드 포지셔닝 전략 개발

- '한국 피부과학+천연 유래 성분'강조
- K-뷰티의 신뢰성+클린 뷰티 트렌드 결합

패키지 현지화

- 영어 중심 라벨+미국 인증 마크 부착
- 유통 채널 확보
- Amazon, Walmart.com, H-E-B 등 입점 협상
- 뷰티 유튜버·인플루언서 협업

마케팅 콘텐츠 제작

- SNS 광고 콘텐츠, K-뷰티 스토리텔링 영상
- 인스타그램, TikTok 중심 홍보 계획 수립

3단계: 시장 론칭(7~9개월)

▶목표: 실제 판매 개시, 브랜드 인지도 확보

제품 출시 (Pilot Launch)

- 주요 도시 중심(오스틴, 휴스턴, 댈러스 등)으로 론칭
- 오프라인 팝업스토어 또는 K-문화 행사 연계

인플루언서 마케팅 집중

- 유튜버 리뷰, 틱톡 챌린지, 제품 언박싱 영상

고객 피드백 수집

- 온라인 리뷰 분석, 고객 설문조사 실행

- 피드백 반영하여 패키지/상품 개선 여부 검토

4단계: 확대 및 안정화(10~12개월)

▶목표: 유통 확대, 충성 고객 확보, 현지 기반 강화

전략적 유통 확장

- Target, Ulta Beauty 등 대형 뷰티 채널 공략

- 텍사스 내 뷰티 편집숍·약국 유통망 확보

리텐션 마케팅 실행

- 구독형 모델(D2C), 리워드 프로그램 시작

- 이메일 마케팅 및 리뷰 유도 캠페인

현지 기반 강화

- 텍사스 내 물류 창고(Fulfillment Center) 또는 계약 생산 검토

- 지역 행사 스폰서(예: 휴스턴 코리안 페스티벌, Austin Music Festival 등) 참여

지역 추천

도시	특징	추천 이유
휴스턴	다인종, 히스패닉 비율 높음	다양성 있는 화장품 니즈
오스틴	젊은 인구, 클린 뷰티 수요 점증	Whole Foods 본사, 친환경 소비자 밀집
댈러스	중산층-고소득층 거주지	백인 여성층 타깃 마케팅 적합

(11) 한국조선해양기자재 산업

한국조선해양기자재공업협동조합(KOMEA)은 한국 조선·해양기자재 산업의 해외 판로 개척을 위해 다방면의 활동을 전개하고 있으며, 특히 매년 미국 휴스턴에서 열리는 Offshore Technology Conference(OTC)에 회원사들과 함께 참가해 큰 성과를 거두고 있다. 나는 휴스턴 총영사 부임 이후 지난 3년간 OCT에 참가한 KO-MEA 회원사들의 부스를 직접 방문해 기업 설명을 듣고, 바이어 상담 결과에 관심을 표명하면서 조선해양기자재 회사들의 글로벌 진출을 격려했다.

❶ 성공 사례들

현지 EPC 및 글로벌 오일메이저와의 파트너십 체결:

동성화인텍은 OTC를 통해 현지 EPC 기업 및 글로벌 오일 메이저

(ExxonMobil, Chevron 등)와의 접점을 만들고, 극저온 단열재나 배관 제품을 공급하는 계약을 체결했다. 이를 바탕으로 수출 확대 및 기술 신뢰도가 향상해 이후 브라질, 북해 등 타 지역 프로젝트에도 진출했다.

미국 대리점 및 지사 설립으로 현지화:

삼영기계, 성광밸브 등은 OTC 참가를 계기로 미국 현지 대리점과의 유통 계약을 체결하거나, 아예 휴스턴 현지에 지사를 설립했다. 이를 통해 납기 단축, A/S를 강화해 현지 발주처 신뢰도 상승 효과로 현재 지속적 재수주가 이뤄지고 있다.

기술·품질 인증 획득:

OTC를 통해 기술 상담회를 진행하고, API, ABS, DNV 등 국제 인증 취득을 가속화해 KOMEA 회원사 중 모회사는 OTC 참가 후 글로벌 조선소로부터 초청받아 기술 실증 및 벤치마킹 프로젝트에 참여하기도 했다.

다국적 조선·해양 기업과 JV 혹은 MOU 체결:

몇몇 중견 회원사들은 OTC를 활용해 미국, 유럽 기업과 합작 투자(JV) 또는 기술 협력 MOU를 맺었다. 이 회사들은 고부가가치 기자재(예: 해양 풍력, FLNG 부품 등) 공동 개발 기회를 확보해 기업 신장에 박차를 가하고 있다.

❷ 유망 산업 분야

향후 OCT 관련 조선·해양 산업이 적극 진출을 모색해야 하는 분야는 △ 조선 및 해양 설계 및 기술 컨설팅 △ 기자재 공급: 현지 제작 혹은 Stocking 필수: 가격 경쟁력 제고 및 Inquiry에 대한 신속 납품 대응 필수 △ 제작 하청: Pipe Spool, 각종 의장품 제작 등 △ 미국 조선소 건조 지원: 인력 및 기술 감독 등을 들 수 있다.

❸ 미래 전략

해양 신재생에너지 분야 진출:

조합은 회원사들과 함께 해상풍력, 부유식 태양광, 탄소 포집 저장(CCS) 등으로 사업 영역 확장을 모색해 OTC 2026부터는 해양 신에너지 관련 기술 부스 비중도 확대하는 것이 바람.

현지화 전략 강화:

조합 차원에서 현지 물류센터, 기술지원센터 설립을 검토해 회원사들의 빠른 납기 및 A/S 체계 확보를 지원하고, 동시에 미국 현지 법인 설립을 위한 컨설팅 및 로드쇼도 동반 추진을 전략적으로 검토해야 한다. 이를 위해 KOTRA, KITA, KOMEA, KOEA(한미석유엔지니어협회) 등 네트워크 구축을 통합 협업 강화가 잘 이뤄져야 한다.

공동 브랜딩 및 통합 마케팅:

KOMEA는 중소 회원사들이 단독 부스로 경쟁력을 내기 어려운 점을 고려하여 KOREA 공동관을 운영하며, 통합 브로슈어 제작, 현장 통역 지원, VIP 초청 상담회 개최 등을 통해 마케팅 효과를 극대화하는 데 더 전력해야 한다.

국제 인증 및 ESG 대응 지원:

글로벌 바이어 요구에 부응하기 위해 ESG 대응(탄소 배출 감축 기자재, 친환경 기술) 관련 세미나와 사전 교육 프로그램을 운영하는 매우 바람직하며, 특히 회원사들의 API, ISO, ABS 등 필수 인증 획득을 위한 공동 교육 및 컨설팅 지원을 더욱 확대해 회원사들이 매년 휴스턴 OTC에서 더 많은 실적을 올리며 글로벌 시장을 전략적으로 지배해 가도록 해야 한다.

❹ 결론

현재 미 정부, 해군 및 조선소들이 연간 막대한 재정이 업계로 투입되고 있으며, 이를 소화하기 위해 조선소 및 공급망 업체들의 비즈니스 규모가 장기적으로 점차 팽창되고 있는 상황이다. 텍사스는 타 주에 비해 노동 인력이 풍부하고 단가도 저렴하고, 연관 수요처가 풍부하기 때문에 초기 진출이 용이한 여건이 조성되어 있다. 일단 텍사스에 진출하면 타 주의 수요까지 감당할 수 있는 사업 확장성이 크기 때문에 안정적인 사업을 운영 및 확대할 수 있는 장점이 있다.

2025 OTC 한국관 방문 격려

한국 기업이 선점해야 할 미래 시장

한국 기업은 텍사스 시장에서 이미 경쟁력을 갖추고 있는 산업들이 많지만, 향후 10년 동안 아래와 같은 새로운 시장을 선점하는 것이 중요하다.

❶ 전기차 및 배터리 산업

한국은 전기차 및 배터리 제조 분야에서 글로벌 리더이다. 텍사스의 전기차 시장 성장과 배터리 제조업의 확장에 맞춰 한국 기업들은 현지 생산 시설을 설립하고, 핵심 부품을 공급하는 전략을 취해야 할 것이다. 특히 LG화학, 삼성SDI와 같은 기업들은 배터리 생산과 관련한 선도적 역할을 할 수 있다.

❷ 스마트 팩토리 및 자동화 시스템

한국은 스마트 팩토리 및 제조 자동화 기술에서 강점을 갖고 있다. 텍사스의 많은 제조업체들이 자동화 시스템을 채택하려는 움직임을 보이고 있기 때문에, 한국 기업들은 고급 자동화 장비와 AI 기반 솔루션을 제공함으로써 시장을 선도할 기회가 많다.

❸ 친환경 기술

한국의 친환경 제조 기술 및 지속 가능한 생산 방식은 텍사스에서도 큰 수요를 맞이할 것이다. 한국 기업들은 텍사스의 제조업체들에게 재활용 기술, 탄소 배출 저감 기술, 에너지 효율적인 솔루션을 제공함으로써 경쟁 우위를 선점할 수 있다.

❹ 전력 공급망 사업

텍사스 제조업의 부흥은 산업용 전력 수요의 급증으로 전력공급망 확충을 필요로 한다. 한국 기업은 현지 회사들과의 협업을 통한 맞춤형 솔루션 개발 전략을 중심으로 전력공급망 사업에 진출한다면 성공 가능성이 매우 높다. 그러나 최근, 한국 기업의 미국 내 태양광 사업 진출은 괄목할 만한 성장을 보이고 있으나, 이를 전기 저장 장치 사업과 연계시키는 전략이 필요한 것으로 판단된다. 인공지능과 데이터 센터가 현재 미국 전체 전력의 약 10%를 사용하고 있으며, 2030년에는 15%까지 증가할 것으로 예상되는 가운데 안정적인 전력 제공이 주요 이슈가 된 상황에서 이를 뒷받침할 수 있는 방법으로 태양광과 전력 저장 장치의 짝짓기를 통한 방법이 요구되는 바 태양광에서 미국에 진출할 한국 기업들에게 또 다른 기회가 될 수 있을 것으로 전망한다.

❺ 헬스 케어 및 바이오 기술

텍사스는 생명공학, 의료 기기 및 제약 산업이 빠르게 발전하는 지역이다. 트럼프 정부가 수입 의약품 품목별 관세를 부과하는 상황에서 바이오 제약사의 휴스턴 진출을 긍정적으로 검토해야 한다. 트럼프 정부는 바이오 제약사의 미국 투자를 유인하기 위해 해외 제약사가 미국 내 새로운 생산 시설을 건설하면 환경보호청(EPA)이 절차를 간소화하고, 식품의약국(FDA)에 불필요한 규제 등을 폐지하는 행정명령을 시행했다. 이런 환경에서 한국의 바이오, 제약, 의료 기기와 화장품 기업들은 텍사스 시장에서 협력 기회를 찾고, 기술 혁신을 통해 시장을 확대할 수 있다.

◆ 향후 10년 동안 텍사스는 기술 혁신과 산업 다각화를 통해 강력한 제조업 중심지로 발전할 것이다. 한국 기업들이 적시에 시장을 선점하고, 지속 가능한 제조 방식과 최신 기술을 도입하는 것이 매우 중요하다.

지속 가능한 성공을 위한 제언

텍사스에서 한국 기업이 지속 가능한 성공을 거두기 위한 제언을 세 가지 측면에서 설명하겠다.

장기적인 투자 전략

❶ **다양한 산업 분야로의 확장**: 텍사스는 에너지, 제조업, 반도체, 바이오 헬스케어 등 다양한 산업 중심지다. 한국 기업이 텍사스 시장에서 장기적으로 성공하려면 특정 산업에만 집중하기보다는 여러 산업 분야로의 확장이 필요하다. 예를 들어, 전통적인 제조업에서 벗어나 스마트 제조, 친환경 에너지, 바이오헬스, K 뷰티, 외식 산업과 같은 신성장 분야로의 투자 확대가 필요하다.

❷ **현지화 전략 강화**: 텍사스 내 사업이 장기적으로 안정적으로

성장하기 위해서는 현지 시장에 맞춘 제품 개발과 생산이 중요하다. 특히 트럼프 정부의 관세 정책에 발맞춰 제조업의 텍사스 진출은 적극적으로 고려해야 한다. 현지 인프라와 자원을 적극적으로 활용하고, 지역 사회와의 협력도 강화하는 것이 장기적인 투자 성공을 이끌 수 있다.

❸ 정치적 및 경제적 리스크 관리: 텍사스는 정치적, 경제적으로도 독특한 특징을 가지고 있기 때문에 장기적인 투자 전략을 세울 때 이에 대한 리스크 분석이 필수적이다. 예를 들어, 법인세, 규제, 노동 시장 등과 관련된 법적 변화나 정부 정책을 주의 깊게 살펴야 한다.

한·미 협력 강화 방안

❶ 기술 협력: 한국 기업은 첨단 기술과 혁신적인 제품을 많이 보유하고 있기 때문에 미국 기업과의 기술적 협력을 더욱 강화해야 한다. 특히, AI, 반도체, 전기차 배터리, 바이오테그 등 미래 산업 분야에서의 협력은 상호 이익을 창출할 수 있다. 텍사스는 이러한 기술 혁신을 위한 훌륭한 생태계를 제공하므로, 연구 개발 센터나 공동 프로젝트를 통해 협력을 확대할 수 있다.

❷ 산업 클러스터 연계: 텍사스 내 다양한 산업 클러스터와의 연계를 강화하고, 한국 기업이 그 지역의 주요 산업 발전에 기여할 수 있는 방법을 모색해야 한다. 예를 들어, 텍사스의 에너지 산업과 한국의 청정에너지 기술을 결합하거나 텍사스의 농업과 한국의 스마트 농업 기술을 결합하는 방안, 그리고 바이오-코스메틱 기술 융합하는 방안 등이 있을 수 있다.

❸ 문화 및 인적 네트워크 구축: 한·미 간의 협력을 위해서는 문화적 이해와 네트워크 구축이 중요하다. 한국 기업은 텍사스의 비즈니스 문화와 정책을 이해하고, 텍사스 현지에서의 리더십과 인프라를 적극적으로 활용하는 것이 필요하다. 또한, 한국 기업의 텍사스 내 인재를 육성하고, 현지 사회와의 관계를 강화하는 프로그램을 마련하는 것도 중요하다.

혁신과 경쟁력을 유지하는 방법

❶ 지속적인 R&D 투자: 텍사스는 혁신과 기술 발전을 중시하는 지역이다. 한국 기업이 이 시장에서 경쟁력을 유지하려면 지속적으로 연구 개발에 투자해야 한다. 특히, AI, 반도체, 친환경 기술 등 첨단 분야에 대한 지속적인 혁신은 기업의 경쟁력을 강화하는 중요

한 요소다.

❷ 지속 가능한 경영 전략: 텍사스의 고객과 파트너들이 지속 가능성에 대한 관심이 높기 때문에 한국 기업도 친환경적인 경영을 추구해야 한다. 탄소 배출 감소, 재활용, 에너지 효율성 증대 등 지속 가능한 경영을 통해 브랜드 가치를 높이고, 장기적인 시장에서의 경쟁력을 확보할 수 있다.

❸ 디지털 혁신과 스마트 제조: 텍사스는 스마트 제조와 디지털 혁신을 추진하는 기업들이 많다. 한국 기업은 디지털 기술을 활용한 생산성 향상과 비용 절감, 품질 관리 시스템을 도입하여 경쟁력을 유지할 수 있다. 인공지능, 빅데이터, IoT와 같은 기술을 활용하여 효율성을 높이고, 글로벌 시장에서 경쟁 우위를 점할 수 있다.

이러한 전략들을 통해 한국 기업은 텍사스에서 지속 가능한 성공을 이루고, 글로벌 시장에서 경쟁력을 강화할 수 있을 것이다.

결론

· 텍사스에서 한국 기업의 가능성과 도전 과제

· 글로벌 경제 변화 속에서의 기회

· 실행 가능한 전략과 비전

   텍사스에서 한국 기업의 가능성과 도전 과제를 아래와 같이 설명할 수 있다. 또한 글로벌 경제 변화 속에서의 기회와 실행 가능한 전략을 제시하겠다.

텍사스에서 한국 기업의 가능성과 도전 과제

❶ 가능성

- 산업 다각화와 혁신적인 환경: 텍사스는 다양한 산업의 중심지로, 특히 에너지, 반도체, 첨단 제조업, 의료 및 바이오헬스 분야에서

강점을 가지고 있다. 한국 기업은 텍사스의 다각화된 산업 환경을 통해 기술 혁신과 생산성 향상을 위한 기회를 잡을 수 있다. 예를 들어, 전기차 배터리, 스마트 제조, 친환경 기술 등에서의 협력은 한국 기업의 강점을 잘 살릴 수 있는 기회다.

- 정치적 안정성 및 친기업적 환경: 텍사스는 저세율, 규제 완화, 강력한 기업 지원 정책을 제공하여 외국 기업들이 사업을 확장하기에 유리한 환경을 제공한다. 한국 기업이 텍사스에 진출하면 이러한 환경을 활용하여 효율적으로 사업을 운영하고 빠르게 성장할 수 있는 가능성이 높다.

- 글로벌 공급망의 핵심: 텍사스는 미국 내 중요한 물류 및 제조 거점으로, 북미 및 글로벌 공급망의 중심지로 자리 잡고 있다. 한국 기업은 텍사스의 물류 인프라를 활용하여 북남미 시장뿐만 아니라 전 세계로의 접근성을 높일 수 있다.

❷ 도전 과제
- 문화적 차이와 현지화: 한국 기업들이 텍사스 시장에서 성공적으로 자리 잡기 위해서는 미국의 비즈니스 문화와 사회적 환경

을 잘 이해해야 한다. 특히, 현지의 고객 및 파트너들과의 관계 구축, 언어와 문화 차이를 극복하는 것이 중요하다.

- 인재 확보와 현지화: 텍사스는 다양한 산업의 글로벌 기업들이 집중되어 있어 경쟁이 치열하다. 한국 기업이 성공적으로 운영 되기 위해서는 현지 인재를 확보하고, 한국 본사의 문화와 관리 방식을 현지화하는 노력이 필요하다.

- 경제적 불확실성과 글로벌 공급망 리스크: 글로벌 경제 불확실 성, 무역 전쟁, 자원 가격 변동 등 외부 리스크는 텍사스에 진 출한 한국 기업들에게 도전 과제가 될 수 있다. 특히, 공급망의 변동성과 관련된 리스크를 효율적으로 관리하는 전략이 필요 하다.

글로벌 경제 변화 속에서의 기회

❶ 디지털 혁신과 AI 기술
- 글로벌 경제가 디지털화와 AI 기술 중심으로 변하면서 텍사스 와 같은 혁신적인 지역에서 새로운 기술을 개발하고 상용화하

는 기회가 확대되고 있다. 한국 기업은 AI, 빅데이터, IoT 등 첨단 기술을 활용하여 시장에서의 경쟁 우위를 점할 수 있다. 텍사스의 강력한 기술 기반과 혁신 환경을 활용하는 것이 중요한 기회다.

❷ 친환경 및 지속 가능한 산업 성장

- 전 세계적으로 기후 변화와 환경 보호에 대한 관심이 높아지면서 친환경 기술과 지속 가능한 에너지 산업의 성장이 가속화되고 있다. 한국 기업은 친환경 기술, 전기차 배터리, 태양광 등과 관련된 기술을 개발하고 텍사스의 에너지 산업과 협력할 수 있는 기회를 가질 수 있다.

❸ 글로벌 공급망 재편성

- 팬데믹 이후 글로벌 공급망이 재편성되며, 자원의 생산과 유통에 있어 지역적인 분산이 강조되고 있다. 텍사스는 북미 시장의 공급망의 핵심 지점으로, 한국 기업은 텍사스의 물류 허브를 통해 글로벌 공급망의 효율성을 높일 수 있는 기회를 얻을 수 있다.

실행 가능한 전략과 비전

❶ 전략

- 기술 혁신과 협력 강화: 한국 기업은 텍사스에서 혁신적인 기술 개발을 위한 연구 개발(R&D) 투자에 집중해야 한다. 특히 AI, 반도체, 전기차 관련 기술 개발에 적극 투자하고, 현지 기업들과의 협력을 통해 공동 프로젝트를 추진하는 것이 중요하다. 이를 통해 시장에서의 차별화된 경쟁력을 확보할 수 있다.

- 현지화와 네트워킹 강화: 텍사스의 경제적, 사회적 특성을 반영한 현지화 전략을 수립하고, 현지 고객 및 비즈니스 파트너와의 네트워킹을 강화해야 한다. 텍사스 현지에서의 기업 문화와 법적 요구 사항에 대한 이해를 바탕으로, 고객 맞춤형 서비스를 제공하고, 현지 인재를 적극적으로 채용하여 조직 운영의 효율성을 높여야 한다.

- 지속 가능성에 대한 투자: 친환경 에너지와 지속 가능한 생산 방식을 채택하고, 텍사스 내 에너지 및 제조업 관련 분야에서 친환경 기술을 도입하는 것이 필수적이다. 또한, 공급망의 지속 가능성을 높이고, 환경적 영향을 최소화하는 기술과 전략을 적극적으로 개발해야 한다.

❷ 비전

- 글로벌 혁신 허브로 자리 잡기: 한국 기업이 텍사스에서 성공적으로 자리 잡으면, 텍사스를 글로벌 혁신의 중심지로 삼아 다른 지역으로의 확장을 꾀할 수 있다. 이를 통해 북미뿐만 아니라 전 세계 시장에서의 영향력을 확장하고, 글로벌 기업으로서의 입지를 강화하는 비전을 가질 수 있다.

❸ 지속 가능한 비즈니스 모델 구축

- 텍사스에서 한국 기업이 지속 가능성을 핵심 가치로 삼고, 장기적인 성장과 환경친화적인 경영을 추진하는 모델을 구축함으로써, 미래 시장에서도 성공할 수 있는 경쟁력을 확보하는 비전을 가져야 한다.

　이러한 전략과 비전을 바탕으로 한국 기업은 텍사스에서의 가능성을 극대화하고, 글로벌 경제 변화 속에서도 지속적으로 성장할 수 있을 것이다.

부록

—

텍사스 진출 지원 기관: 무역협회(KITA) 댈러스 센터 & KOTRA 댈러스 무
역관 소개

한국 무역협회(KITA)와 코트라(KOTRA)는 한국 기업의 해외 진출
을 돕는 대표적인 기관이다. 다행히 텍사스에는 KITA와 KOTRA
사무소가 댈러스에 진출해 있다. 두 기관의 회원사들은 텍사스 진
출 관련해 다양한 정보와 현지 지원의 도움을 받고 있다. 두 기관
을 간략하게 소개한다.

1. KITA와 KOTRA 관할지

한국무역협회와 KOTRA의 관할지는 미 중남부 5개 주인 텍사스,

오클라호마, 아칸소, 루이지애나 그리고 미시시피다. 물론 두 기관은 필요에 따라 미 동남부 지역의 조지아와 앨라바마 등에 진출한 한국 기업의 지원을 위해 현지 활동에도 많은 노력을 기울이고 있다. 미 중남부 5개 주 현황은 다음과 같다.

관할 지역	인구 (만 명, 2024년 추정)	GDP (U$ 억)	1인당 GDP (U$)	對한국수입 (USD 백만, %)	한국진출기업 (개사)
텍사스	3,129	21,724	66,646	9,225 (2.32%)	270
오클라호마	410	2,128	49,745	265 (1.48%)	1
알칸소	309	1,482	45,892	100 (1.40%)	40
루이지애나	460	2,564	52,078	1,949 (6.19%)	4
미시시피	294	1,224	39,102	268 (1.25%)	–

출처: 對한국수입: US Trade Online(2024년 10월) / GDP: BEA (2024년)
/ 1인당 GDP: Statista (2023년)

2. KITA 댈러스 센터

❶ 설립 배경
• 한국 기업의 미국 중남부 지역 진출이 크게 증가하면서 현지

네트워크 구축, 통상애로 수렴, 마케팅 지원 등의 필요성 대두

- 기존 협회 네트워크를 미국 남부 및 멕시코까지 확대하여 북미 시장에서의 민간 통상 협력 활성화에 기여

* 협회 댈러스 지부는 기존 뉴욕, 워싱턴 지부에 이어 미국 내 3번째로 개소(전 세계 12개 해외지부 운영 중)

❷ 주요 업무

미국 내 회원사 권익 보호

- 미국 진출 한국 기업의 애로 사항 파악, 의견 수렴 등을 통해 회원사 이익 대변 및 대정부 건의 시행
- 댈러스, 휴스턴, 애틀랜타 등 주요 거점별 지상사협의회 운영에 참여하여 회원사와의 접점 확대

韓·美 민간 통상 네트워크 구축

- 미국 주·지방정부, 경제개발공사(EDC), 상공회의소 등 경제 단체 및 유관 기관과 전략적 파트너십 강화

해외 마케팅 지원

- 주요 전시회 참가기업 대상 바이어-셀러 매칭 서비스 제공

- 해외 현지 지원 서비스 제공

* 바이어 신용 조사, 물류·통관·인증 자문, 현지 유통망 연결, 출
  장자 지원 등

* 국내 스타트업의 미국 진출 지원 및 육성을 위한 협력 사업 발굴

현지 시장 정보 제공

- 회원사 및 현지 한국 기업 대상 뉴스레터(Trade Newsline) 발간
- 주요 통상현안 상시 모니터링 및 연구 보고서 작성
- 무역 통상 세미나 개최 및 통상 정보 제공

KITA POST Mexico 운영(2025년부터 시범 시행)

- 현지 무역 전문가와의 업무 협약을 통해 멕시코 진출 한국 기
  업에 대한 맞춤형 서비스 제공
- 한-멕시코 통상 현안 모니터링 및 유망 전략 시장 동향 조사

댈러스 센터 문의 사항 연락처

대표 이메일: re_dallas@kita.or.kr

KITA 댈러스 센터 입주 건물 외관   공용 라운지

3. KOTRA 댈러스 무역관

❶중점 산업

- (에너지) 미 남부 지역 주요 산업인 오일·가스 분야를 타깃으로
  하는 부품 및 기자재(특수 밸브, 볼트 등) 수출 지원
- (전력) 송·배전 설비 현대화 프로젝트 등 미국 내 전력시장 진출
  확대를 목표로   년 K-그리드 중점무역관'으로 지정, 전력 기자
  재(변압기, 배전반, 전력 케이블 등) 수출 밀착 지원
- (항공·방산) 텍사스, 오클라호마 등 항공 제조 및 MRO 부문 주요
  부품(브레이크 디스크, 항공기용 부품 등) 납품 지원

- (소비재) H-E-B, Central Market 등 텍사스 주요 대형 유통망 입점을 타깃으로 우리 소비재 기업의 온·오프라인 유통망 입점 지원반 현황

❷ 주요 업무

[수출마케팅] 현지 바이어 발굴 및 파트너링을 위한 기업 지원

구분	서비스명	주요 내용
파트너 연결 지원	시장조사	• 해외 잠재 바이어 파트너 발굴, 시장 동향 등 정보 조사 수행 제공
	지사화 사업	• 해외 지사를 설치할 여력이 부족한 중소·중견기업을 위해 무역 파트너 발굴 등 현지 지사 역할을 대행하여 수출 및 해외 진출을 지원
	전시회	• 무역관 중점산업별 주요 전시회 참가 우리 기업 홍보 및 바이어 현장 상담 연결을 통해 파트너 발굴 기회 제공
	무역 사절단	• 지자체 및 유관 기관과 사절단(Delegation)을 구성, 해외로 파견해 현지 바이어 파트너 발굴, 현지 시장 조사, 온·오프라인 수출 상담 지원
	유통망 입점 지원 사업	• 무역관이 발굴한 온·오프라인 유통망의 국내 소비재 기업 입점과 해당 유통망 내 판촉을 지원함으로써 수출 확대 추진
프로젝트 지원	글로벌 파트너링	• 무역관이 발굴한 글로벌 기업의 비즈니스 협력 수요를 토대로 국내 기업과의 연계를 통해 우리나라 소재·부품 기업의 글로벌 밸류 체인 진입과 경쟁력 강화를 지원
	방산, G2G 진출	• 국내 방위 및 보안 산업의 해외 진출 확대와 외국 정부로의 수출을 위해 KOTRA와 유관 정부 부처 및 전문 기관이 협력하여 방산·보안 물자 및 일반 물자 분야 관련 물품 및 서비스의 정부 간 거래 추진 지원

글로벌 역량 강화 및 해외 진출 지원	GP 센터	• 글로벌 기업과 협업 가능한 소재·부품·장비 기업을 대상으로 사무 공간 및 맞춤형 마케팅을 지원하는 국내 기업 GVC 진입 거점 센터
	열린무역관	• 해외 시장 진출에 관심이 있는 KOTRA 해외 무역관 방문 고객에게 근무 시간 중 사무 공간(집기, 인터넷 등), 시장 정보(현지 체류 정보, 경제 동향 등) 및 기초 상담 무료 지원
	해외 공동 물류 지원 사업	• 해외 현지에 독자적으로 물류 센터를 구축하기 어려운 중소·중견기업이 현지 KOTRA 협력 물류회사의 창고를 공동으로 이용할 수 있는 기회 제공
	수출 바우처 지원 사업	• 성장 가능성이 높은 중견기업 중 수출 바우처 선정 기업의 현지 마케팅 사업 운영 지원

* 오스틴 GP 센터
- 반도체 산업의 중심지이자 첨단 산업이 발달한 오스틴 공용 사무 공간에 글로벌 공급망 진입 희망 기업이 활용할 수 있는 거점 설립
- 신청 기간 및 방법: 연중 상시, 수출 24 홈페이지 內 해외 GP 센터 사업 신청
- 주소: 1801 Domain Blvd 3rd floor, Austin, TX 78758

[조사] 美 시장 최신 트렌드 및 중점 산업별 주요 현황 및 현지 반응 조사

구분	서비스명	주요 내용
일반 조사	해외 시장 뉴스	• 관할지 및 미국 內 주요 산업 트렌드 및 동향 뉴스 전달
	글로벌 이슈 모니터링	• 미국의 최근 산업 기회 및 현안 이슈 관련 현지 반응 조사
심층 조사	글로벌 마켓 리포트	• 주재국 내 중점 산업에 대한 진출 전략 심층 보고서 발간
뉴스 레터	주간 뉴스레터	• 매주 1회 미 행정부 및 의회 주요 동향 및 산업별 주요 뉴스 배포

출처: 해외경제정보드림(https://dream.kotra.or.kr)에 게재

[해외 취업(K-MOVE)] 대한민국 구직자의 미국 취업 지원

구분	서비스명	주요 내용
헬프 데스크	헬프데스크	• 현지 정착 및 구직 정보 관련 필요한 내용을 묻고 답하는 헬프데스크 운영
박람회 지원	온·오프라인 취업박람회	• 해외에서 대한민국 인재를 채용할 수 있도록 취업박람 회 개최
	글로벌 취업 박람회 구 인처 방한 지원	• 국내 대표 해외 취업박람회로, 해외 구인처와 구직자의 면접 기회를 제공하기 위해 한국인 채용 수요가 있는 해외 구인처 방한 지원
사후 지원	기취업자 멘토링	• K-MOVE 사업을 통해 채용된 청년들의 현지 적응 및 네트워킹을 위한 멘토링 프로그램 운영

[투자] 미국 자본의 對韓 투자 유치 및 우리 기업의 對美 투자 진출 지원

구분	서비스명	주요 내용
투자 유치 (美→韓)	투자 유치 IR	• Invest Korea Market Place (IKMP) DB화된 우리 유망기업의 프로젝트 정보를 활용, 현지 자재 투자가 발굴 및 매칭
	투자 유치 사절단	• IR, 지자체 투자 유치 사절단, 라운드 테이블, TF 파견, 방한 사절단 등 투자 유치를 위한 해외 파견 활동 지원
	Invest Korea Summit	• 외국인 투자가들을 초청하여 컨퍼런스 개최, 1대1 투자 상담회 실시, 산업별 투자 유치 설명회 개최 등 다양한 부대 행사를 진행하는 대한민국 최대 투자 유치 행사에 투자가 방한 지원
투자 진출 (韓→美)	한국 투자 기업 지원센터	• 국내 기업의 신규 투자 진출 및 기존 진출 기업의 성공적인 혁신 정착을 지원하기 위한 분야별 전문가 상담 지원, 정보 제공 세미나 개최
	글로벌 M&A 지원	• M&A를 활용하여 국내 중소·중견기업이 해외 핵심 기술·브랜드·유통망·생산 거점을 효율적으로 확보할 수 있도록 매물 발굴 지원 사업

댈러스 무역관 문의 사항 연락처
대표 이메일: inquiry@kotradallas.com

무역관 입주 건물 외관

공용 라운지